Wie Engel in die Bibel kamen.

Ein Beitrag zur Abrahamitischen Religion

von Jochen Rabast

Sachbuch

Der Autor ist approbierter Psychotherapeut und Theologe. Ihn interessiert die Kultur und Religion des alten Mesopotamien. Hier ist die Abrahamitische Religion entstanden, die zu einem Gottesstaat in Jerusalem geführt hat.

Bücher

Vorläufer dieses Buches: Engel im Gepäck. Spuren zum Alten Testament. Frankfurt 2008   (vergriffen)

-Umbruch der Religion. Von der Abrahamitischen Religion zu Judentum, Christentum, Islam. BoD 2010

- Im Namen der Religion...friedlich nebeneinander?... Islam-Christentum-Judentum. BoD 2015

- *Verschiedene Aufsätze in 'Online-Artikel.de' s.dort*

Bibliografische Information der Deutschen Nationalbibliothek: Die Deutsche Nationalbibliothek verzeichnet diese Publikation in der Deutschen Nationalbibliografie; detaillierte bibliografische Daten sind im Internet über <u>dnb.dnb.de</u> abrufbar.

© 2017 Jochen Rabast

Herstellung und Verlag: BoD – Books on Demand, Norderstedt

Ihre ISBN lautet 9783743180505

Inhaltsverzeichnis

Die Götterwelt in Kanaan 7
Monotheismus in Ägypten 8
Monotheismus in Babylonien 10
Israel und Juda 11
        Ein Kapitel Engel 13
Biblisch geprägte Engelsvorstellung 14
Engel im Alten Testament 15
Der vorexilische Engelsbegriff (bis 587 v. Chr.) 15
Göttliche Zeugungen 20
        Historisches Stichwort: Babylonisches Exil 21
In Jerusalem sind die Lichter aus 23
        Propheten und Engel 24
Die Engelsvorstellung in Babylon 29
Der beschützende Engel 31
Das Ausufern der Engelsvorstellung 33
Engel in der Kirchengeschichte 36
Engel und Katholische Kirche 36
Engel im Protestantismus 37
Engel und Weihnachten 38
Exkurs: Der dreifache Gott (Trinität) 39
Die Entstehung der Welt - Zarathustra 41
Die Entstehung der Welt - Bibel 43
Der Teufel 47
Politische Wende in Babylonien 52
Bezeichnung der neuen Religion 53

Der Glaube der Abrahamitischen Religion 55
Die Symbolfigur Abraham 56
Zeitliche Zuordnung 56
Geografische Zuordnung 57
Abraham – Vorbild der Einwanderer 58
Abraham und die Archäologie 60
Die literarische Komposition Mose 60
Die Tafeln der Zehn Gebote 61
Das Wanderheiligtum 65
Mose wird vergessen 67
Mose als Metapher 68
Das Tempel-Heiligtum 69
Der legendäre Salomo 70

Das ägyptische Erbe 74
Abraham in Ägypten 75
Joseph kommt nach Ägypten 77
Interessanter Hinweis zur Religion 78
Die Engel weisen den Weg 80
Zweierlei Geschichte 81

Das Profil der Abrahamitischen Religion 84
Das Ende des Priesterstaates 88

Vorwort

Wer das Thema 'Engel' in unserer aufgeklärten Zeit anspricht, wird ein mitleidiges Lächeln sehen. Die Zeit an körperlose Wesen, Geister und Gespenster zu glauben ist vorbei. Über Jahrhunderte hinweg hat die Religion an Engel geglaubt. Doch das war nur eine Epoche in der langen Geschichte des Götterglaubens.

Auffällig an der Religionsgeschichte der Bibel ist, dass es in früher Zeit Propheten gab und keine Engel. Später gab es Engel und keine Propheten mehr.
Welche Entwicklung hat diesen Umschwung verursacht? Was verraten Engel über die Herkunft und Entwicklung von Religion?
Auffallend ist weiter, dass sich mit dem Erscheinen von Engeln ein Wechsel vollzogen hat: vom Polytheismus zum Monotheismus.
Religion kennt Entwicklung, sie ist nicht zeitlos.

Der Anfang des Ein-Gott-Glaubens hat seinen Niederschlag im Alten Testament gefunden. Es geht um eine Religion vor dem Christentum und vor dem Judentum. Sie ist als 'Abrahamitische Religion' zu bezeichnen. Erst aus ihren Trümmern gehen diese Beiden hervor.

Von dem griechischen Philosophen Heraklit (550-480 v. Chr.) stammt der Satz 'alles fließt'. Er drückt die Weisheit des Philosophen aus: Unser Leben ist in ständiger Veränderung. Das trifft für den Einzelnen zu, für die Familie, für den Arbeitsplatz. Aber auch Gesellschaften, Völker und sogar Religionen unterliegen einem Wandel. Wer glaubt, der Gottesglaube sei ewig und unverändert, unterliegt einem Irrtum.

Vielfalt der Religionen

Was wir über Religion wissen, verdanken wir in erster Linie lebenden Menschen. Wir sind in eine Religion hineingeboren. Darüber hinaus haben wir aus Büchern oder Filmen Kenntnisse über andere Religionen. Selbst über Kulturen, die der Nachwelt keine schriftlichen Aufzeichnungen hinterlassen haben, kann uns die Altertumswissenschaft etwas über deren Götter sagen. Die Menschheit kennt eine Vielzahl von Göttern. Nehmen wir die Götterwelt der Germanen. Da gab es für die verschiedenen Naturerscheinungen einen Gott. Für das Gewitter den Thor, Hod für die Nacht, die Göttin Frya für die Fruchtbarkeit und Sif für gute Ernte. Im Kriegsfall wurde Wodan und bei Feuer Loki angerufen. Henn war der Gott der Toten. Je nach Lebenssituation wurde eine eigene Göttin bzw. ein Gott angerufen. Die Germanen glaubten an Zwerge, Elfen, Wassergeister. Engel sind in der germanischen Religion unbekannt.

Die Götterwelt in Kanaan

Die Überlieferung über Götter im Orient der Antike ist immens. Eine Vielzahl von Göttern existierte in Palästina in der Zeit um 600 v. Chr. In Jerusalem wurden viele Götter angebetet. Das war nicht anders als in anderen Gegenden Kanaans.
Der Gott Jahwe war nur einer unter anderen Göttern, die verehrt wurden. Die Naturgottheiten wurden zumeist auf den Berghöhen verehrt. Sehr weit verbreitet war die Verehrung des kanaanäischen Fruchtbarkeitsgottes Baal. Auch dessen Gattin Aschera hatte ihre Anhänger. In Jerusalem gab es ein Heiligtum für den Götzen Moloch und einen Altar für die syrische Königin Astarte. Den Gott Kemosch aus Moab konnte man auch in Jerusalem anbeten. Totenbeschwörer und Wahrsager als Ein-Mann-Unternehmen kommen noch hinzu. Die religiöse Vielfalt reichte selbst bis in den Jerusalemer Tempel hinein. Auch hier wurden Sterne als Gottheiten verehrt. Selbst Baal wurde im Jerusalemer Tempel angebetet. Die Bibel berichtet im zweiten Königsbuch Kapitel 23 ausführlich über die religiöse Vielfalt in Jerusalem und im Land Juda.

Doch das sollte sich noch gründlich ändern!
Jeder weiß, dass die Bibel die Urkunde des Ein-Gott-Glaubens ist.
Doch woher kommt der **Monotheismus?**

Monotheismus in Ägypten

Die Suche nach dem Ursprung des Monotheismus soll im alten Ägypten beginnen.

Im antiken Ägypten kam es unter der Herrschaft des Pharao Echnaton (1351 - 1334 v. Chr.) zu einer religiösen Revolution. Der König erklärte den Sonnengott Aton als den einzig zu verehrenden. Der Kult mit allen anderen Göttern musste eingestellt werden. Der König entmachtete die Priester des altägyptischen Gottes Amun. Monotheismus statt Göttervielfalt. So etwas gab es erstmals in der Weltgeschichte im 14. Jahrhundert vor Christus, Zu Ehren des Sonnengottes Aton baute Echnaton sogar eine neue Hauptstadt.
Doch so einfach lässt sich die religiöse Überzeugung in einem ganzen Land nicht auf ein neues Zeitalter umstellen. Demokratie als Mehrheitsmeinung sollte sich auch in religiösen Fragen als stärker erweisen.

Nach Echnatons Tod im Jahr 1334 kehrte das Land unter dem Einfluss der ehemals mächtigen Amun-Priester zu den alten Zuständen zurück. Jetzt war der Monotheismus verpönt und wurde wieder verlassen.
Es werden wieder die alten Götter verehrt. Mehr noch, die Priester des Sonnengottes Aton wurden verfolgt und getötet. Als durchaus möglich ist anzusehen, dass einigen von ihnen die Flucht in das Niemandsland des Sinai gelang. Dort waren sie sicher.

Sigmund Freud hat die These aufgestellt, dass sich die ägyptische Atonreligion auf dem Sinai erhalten habe. In der biblischen Erzählung spielt Mose eine bedeutende Rolle bei der Herausbildung des Glaubens an nur einen Gott. Mose blieb mehrere Jahre auf dem Sinai bei einem Priester namens Jetro, der ihm seine Tochter Zippora zur Frau gab.[1] Bedauerlicher Weise berichtet die Bibel nichts über die Struktur dieses Kultes.

Durch Mose, so Freuds Meinung, sei der Monotheismus in die Glaubenswelt des israelitischen Gottesvolkes eingeführt worden.

Sigmund Freud glaubt einen weiteren Hinweis für seine Theorie zu haben. Der Name des biblischen Gottes Jahwe durfte nicht ausgesprochen werden. Man sagte „adonai". Die Verwendung dieses Wortes könnte ihren Ursprung in dem Wort „Aton" haben.

Belege für diesen sprachlichen Zusammenhang aton-adonai gibt es allerdings nicht.

→ Und das spricht dagegen

Die Herkunft des späteren hebräischen Monotheismus mit der ägyptischen Geschichte in Verbindung zu bringen, stößt auf ein Zeitproblem. Jahrhunderte lang nach der Echnaton-Episode war der religiösen Alltag in Palästina von religiöser Vielfalt geprägt. Bis 600 v. Chr. gab es in Israel keinen Monotheismus. Der religiöse

---

1   Exodus/2.Mose 2,21

Alltag in Kanaan war die religiöse Vielfalt. Der Gott Jahwe war nur einer unter anderen Gottheiten, die verehrt wurden.

> >> **Bis 600 v. Chr. war Jerusalem kein Hort des Monotheismus.**

Zwar erzählt die Bibel eine Episode zur Abschaffung der Vielgötterei, die der Tat des Königs Echnaton ähnelt. Von dem König der Judäer Joschija wird berichtet, dass er alle anderen Heiligtümer zerstörte, außer denen des Gottes Jahwe. Doch es blieb bei einer Kurzzeitepisode. Joschija wurde ermordet, und wenige Jahrzehnte später ging das Reich Juda unter.

Monotheismus in Babylonien

Der Blick geht nach Mesopotamien auf der Suche nach Monotheismus. Hier gibt es ihn. Die **Religion des Zarathustra** ist ein Ein-Gott-Glaube. Ahura Mazda heißt der alleinige Gott. Deshalb spricht man auch von Mazdaismus, Zoroastrismus, Zarathustrismus, oder Parsismus; letztere Bezeichnung deshalb, weil es die vorherrschende Religion in Persien war.
Es handelt sich um eine monotheistische Religion, deren Entstehung im Dunkeln liegt. Frühe Datierungen gehen bis in das Jahr 1000 v. Chr. zurück. Einige Forscher datieren zwischen 600 und 700 v. Chr.

Die meisten Religionshistoriker halten Zoroaster für einen Zeitgenossen von Konfuzius (551–479 v. Chr.) und Buddha (560-480 v. Chr.)
Ihre Begründung lautet:
Die Sprache des heiligen Buches Awesta hat eine gewisse Ähnlichkeit mit dem Sanskrit.
Das Buch selbst ist nur teilweise überliefert. Die ältesten Handschriften stammen erst aus dem Jahr 1278 n.Chr.
Als Yasna (Kapitel) bezeichnet man die Teile des Awesta, die heute noch in der Religion der Parsen in Benutzung sind. Von den 72 Kapiteln sollen 16 Kapitel, die Gathas (Gesänge), direkt von Zarathustra stammen.

Auf der Suche nach Zusammenhängen muss die Frage gestellt werden: Wie aber kam der Monotheismus aus dem Persischen Reich in die Religion der Bibel?

Im Vorgriff auf die mehr als ein Jahrtausend spätere Entstehung des Islam, sei an dieser Stelle der Hinweis gestattet, dass auch Mohamed alle Götterbilder an der Kaaba in Mekka zerstörte und deren Kulte verboten hatte. Es durfte nur noch der eine Gott Allah verehrt werden.

Israel und Juda

→ Zurück nach Kanaan! Das Volk Gottes, von dem die Bibel erzählt, lebte im Land Kanaan in zwei Staaten.

Israel hieß der Nordstaat, Juda der Südstaat.
Beide Reiche fanden ein kriegerisches Ende.

Israel mit seiner Hauptstadt Samaria wurde im Jahr 721 v. Chr. durch die Assyrer vernichtet. Einem Teil der Bevölkerung gelang es, nach dem Süden in den Staat Juda zu fliehen. Eine erhebliche Anzahl der Einwohner Israels wurde von den Siegern verschleppt und im assyrischen Staatsgebiet angesiedelt. Die Deportierten gingen im Völkergemisch Assyriens unter. Über deren Schicksal ist wenig bekannt. Man muss feststellen, dass es ihnen an einer nationalen und religiösen Identität gefehlt hat, die ein Fortbestehen ermöglicht hätte.
Die nach dem Süden nach Juda Geflohenen nahmen die Verehrung ihres Gottes El („Gott") mit. Ein Nebeneinander von Göttern war in der damaligen Zeit üblich. Die spätere Bibel wird allerdings diese Zeit monotheistisch überhöhen.

Den Staat **Juda** mit seiner Hauptstadt Jerusalem eroberte der babylonische König Nebukadnezar im Jahr 597 v.Chr. Juda hatte mit der feindlichen Großmacht Ägypten paktiert. Das kostete Rache. In einer ersten Strafaktion wurde ein Teil der Bevölkerung nach Mesopotamien deportiert.
Diese Maßnahme sollte sich als nicht ausreichend erweisen. Die Armee der Babylonier zog **587 v. Chr.** ein

zweites Mal gegen Jerusalem. Diesmal wurde die Stadt gründlich verwüstet und Juda als Staat vernichtet.
Das zweite Königsbuch berichtet im 25. Kapitel über das Massaker. Nicht nur der Tempel, alle Häuser Jerusalems wurden niedergebrannt. Die Jerusalemer Stadtmauer wurde bis zum Grund abgetragen.
Die herrschende Oberschicht und ein Großteil der Bevölkerung wurden in die Gefangenschaft nach Babylon abtransportiert.
Die Bibel macht unterschiedliche Angaben über die Zahl der Deportierten. Nach Jeremia [2] sind es 4.600 Judäer. Laut 2.Könige 24,12 sind es 10.000 Deportierte. Zu den genannten Zahlen kommen jeweils die Familienangehörigen hinzu; denn gezählt wurden nur die 'Familienoberhäupter'.

Die babylonischen Sieger nahmen alle Gerätschaften des Tempels mit, Gold und Silber, große Bronzebecken. Und was es offensichtlich nicht mitzunehmen gab, sind heilige Buchrollen und Engelsfiguren! Die fehlen in den Angaben.

Ein Kapitel Engel

Die Vorstellung eines fliegenden Gottes ist archaisch. Wo Gott in der räumlichen Dimension gedacht wird, überwindet er mit Flügeln den Raum zu einer fernen,

---
2   Jeremia 52,28

jenseitigen Welt. Bei den Hethitern gibt es die Löwensphinx, das Symbol eines mächtigen Tieres mit Flügeln ausgestattet. Bei den Ägyptern sind es Isis und Osiris, die mit Flügeln ausgerüstet sind. Bei den Hurritern ist der Wettergott Teschup, der mit Flügeln dargestellt wird. Geflügelte Wesen sind nicht an Raum und Zeit gebunden.

Auch in der griechischen Antike fliegen die Götter selbst. Da kennt man keine Engel. Oder die Himmlischen benutzen das geflügelte Pferd Pegasus. Auch wenn Hermes als „Götterbote" bezeichnet wird, so ist er doch selbst ein Gott und nicht als Engel mit Flügeln zu bezeichnen.

Biblisch geprägte Engelsvorstellung

Für unseren Kulturkreis sind die Vorstellungen der Bibel über Engel prägend gewesen. Diese haben eine religionsgeschichtliche Entwicklung durchlaufen. Eine Engellehre (Angelologie) ist ein dogmatisches Konstrukt der christlichen Kirchen, das den geschichtlichen Werdegang außer Acht lässt. Völlig zeitlos werden dabei Aussagen der Bibel über Engel aneinandergereiht. Dabei wird die wesenhafte Existenz von Engeln unkritisch vorausgesetzt und nur die Art und Weise ihrer Erscheinung systematisiert. Solche Angelologie schwebt im wahrsten Sinne im luftleeren Raum. Sie wird dem Thema Engel nicht gerecht.

Engel im Alten Testament

Die Vorstellung von Engeln im Alten Testament unterliegt einer Zweiteilung.
Bis zu dem Zeitpunkt des „babylonischen Exils" (ab 597 v. Chr.) ist die Religionswelt im kanaanäischen Raum polytheistisch geprägt. In Palästina herrscht religiöse Vielfalt. Der Glaube an nur einen Gott ist erst nachexilisch. Mit der Einweihung des Jerusalemer im Jahr 520 v. Chr. wird in Jerusalem ausschließlich der Gott Jahwe verehrt.
Ab jetzt gilt strenger Monotheismus.

Der vorexilische Engelsbegriff (bis 587 v. Chr.)

Streng genommen gab es im vorexilischen Jahweglauben noch keine Engel. Es gibt den Ausdruck *„Engel Gottes"*, oder *„Engel des Herrn"*.

Was ist mit diesem Ausdruck gemeint?

Schauen wir genauer in eine Aussage des Textes. Es fällt auf, dass mit einem Engel keine weitere Person außer den Handelnden zu finden ist.

Ein Beispiel: In der Geschichte, in der Abraham seinen Sohn Isaak opfern soll, erscheint der *„Engel des Herrn"*.

Der Text lautet *„Sie kamen zu dem Ort, von dem Gott zu Abraham gesprochen hatte. Auf dem Berg baute Abraham einen Altar und schichtete die Holzscheite auf. Er fesselte*

Isaak und legte ihn auf den Altar, oben auf den Holzstoß. Schon fasste er nach dem Messer, um seinen Sohn zu schlachten, da rief der Engel des Herrn vom Himmel her: »Abraham! Abraham!« »Ja?«, erwiderte er, und der Engel rief: »Halt ein! Tu dem Jungen nichts zuleide! Jetzt weiß ich, dass du Gott gehorchst. Du warst bereit, mir sogar deinen einzigen Sohn zu opfern.«"

Noch einmal rief der Engel des Herrn vom Himmel her und sagte zu Abraham: »Ich schwöre bei mir selbst, sagt der Herr: Weil du mir gehorcht hast und sogar bereit warst, mir deinen einzigen Sohn zu geben, werde ich dich segnen! Deine Nachkommen mache ich so zahlreich wie die Sterne am Himmel und die Sandkörner am Meeresstrand." (1.Mose 22,9-17)

-->Wie man sieht, ist der Ausdruck „Engel des Herrn" nichts anderes als Gott selbst.

„Engel Gottes" bezeichnet die Anwesenheit Gottes. Es geht nicht um ein weiteres Wesen neben Gott!

Ein anderes Beispiel: Mose wundert sich über einen brennenden Dornbusch.

Die Bibel erzählt: *„Mose hütete die Schafe und Ziegen seines Schwiegervaters Jetro, des Priesters von Midian. Als er die Herde tief in die Wüste hineintrieb, kam er eines Tages an den Gottesberg, den Horeb.*

Dort erschien ihm der Engel des HERRN in einer lodernden

Flamme, die aus einem Dornbusch schlug. Mose sah nur den brennenden Dornbusch, aber es fiel ihm auf, dass der Busch von der Flamme nicht verzehrt wurde.»Das ist doch seltsam«, dachte er. »Warum verbrennt der Busch nicht? Das muss ich mir aus der Nähe ansehen!« Als der HERR sah, dass Mose näher kam, rief er ihn aus dem Busch heraus an: »Mose! Mose!« »Ja«, antwortete Mose, »ich höre!« »Komm nicht näher!«, sagte der HERR. »Zieh deine Schuhe aus, denn du stehst auf heiligem Boden.«

Dann sagte er: »Ich bin der Gott, den dein Vater verehrt hat, der Gott Abrahams, Isaaks und Jakobs.« Da verhüllte Mose sein Gesicht, denn er fürchtete sich, Gott anzusehen."[3]

Die Anwesenheit Gottes wird nicht ohne weiteres erkannt. Gott muss Mose mitteilen, dass er zugegen ist.

→ **Der Ausdruck „Engel" bezeichnet eine Erscheinungsweise Gottes.**

Die Bibel kennt auch Fabeln; auch hier erscheint der Engel Gottes.

Während Bileam mit seinen beiden Dienern dahin ritt, stellte sich ihm der Engel des HERRN in den Weg. Die Eselin sah den Engel mit dem gezogenen Schwert dastehen und wich ihm aus. Sie ging vom Weg ab ins Feld hinein. Bileam schlug sie und trieb sie wieder auf den Weg zurück. Da stellte sich der Engel an eine Stelle, wo der Weg rechts und links von

---

3 2.Buch Mose 3, 1-6

Weinbergmauern begrenzt war. Die Eselin sah den Engel und suchte ihm auszuweichen; sie drückte sich an die Mauer. Bileams Fuß wurde eingequetscht und wieder schlug er sie. Der Engel ging nochmals ein Stück weiter und suchte eine Stelle, wo es keine Möglichkeit zum Ausweichen gab, weder rechts noch links. Als die Eselin ihn sah, ging sie in die Knie und legte sich auf die Erde. Bileam wurde vom Zorn gepackt und er schlug mit dem Stock auf sie ein. Da gab der HERR der Eselin die Fähigkeit zu sprechen und sie sagte zu Bileam: »Du hast mich jetzt schon dreimal geschlagen. Was habe ich dir denn getan?« »Zum Narren hältst du mich!«, schrie Bileam. »Wenn ich ein Schwert hätte, wäre es schon längst um dich geschehen.« Die Eselin sagte: »Schon so lange reitest du nun auf mir und kennst mich genau. Warst du bisher jemals unzufrieden mit mir?« »Nein, nie«, antwortete Bileam.

Da öffnete der Herr ihm die Augen und er sah den Engel mit dem Schwert mitten auf dem Weg stehen. Bileam warf sich vor ihm nieder, das Gesicht zur Erde. »Warum hast du deine Eselin nun schon dreimal geschlagen?«, fragte ihn der Engel des HERRN. »Ich selbst habe mich dir entgegengestellt, weil du auf einem verkehrten Weg bist. Aber deine Eselin hat mich gesehen und ist dreimal vor mir ausgewichen. Du verdankst ihr dein Leben, denn wenn du weiter geritten wärst, hätte ich dich getötet; nur sie hätte ich verschont.« »Ich habe Unrecht getan«, sagte Bileam. »Ich habe nicht gewusst, dass du dich mir in den Weg gestellt hattest. (4.Mose 22,22-34)

Aus den Beispielen erhellt, dass mit mit dem Ausdruck „Engel" keine Geisteswesen eigener Art beschrieben werden. Solche Vorstellungen stammen erst aus der späteren nach-babylonischen Zeit.

Das hebräische Wort für Engel „ml'k/malach" wurde in der griechischen Bibelübersetzung mit aggelos, Bote, Engel übersetzt. Das hat zu einem weitreichenden Missverständnis geführt. Man kann meinen, Gott schicke einen Boten als selbständiges Wesen.

Der jüdische Theologe M.Mach hat in seinem Buch „Entwicklungsstadien des jüdischen Engelglaubens in vorrabbinischer Zeit", festgestellt: „Das nomen mlk umschreibt eine Funktion und keine Wesensart."[4]

In den oben angeführten Belegstellen ist deutlich geworden, dass Gott selbst es ist, der als „Engel des Herrn" oder "Engel Gottes" mit einem Menschen in Verbindung tritt. Völlig fern liegt die Vorstellung, dass ein Engel ein eigenständiges, körperloses Geistwesen ist. Das interpretieren erst spätere kirchliche Dogmatiker hinein. Der Ausdruck 'Engel' in der Zeit vor dem babylonischen Exil ist mit der späteren Ausgestaltung, z.B. im Neuen Testament nicht identisch. Das Auftreten eines „malach" bringt zum Ausdruck, dass Gott sich in die Sphäre des Menschen begibt. Mit dem „Engel Gottes" ist Gott selbst in der jeweiligen Erzählung dem Menschen nahe.

---

[4] Dissertation Universität Tel-Aviv,1987,Hebrew 1992 deutsch S.39

Fazit: **Die Wiedergabe des hebräischen Ausdrucks mit dem griechischen aggelos (lateinisch angelus) verfälscht den Sinn früh-israelitischen Verständnisses.**

Göttliche Zeugungen

Ein weiterer Aspekt für 'Engel' ist zu sehen. Die Bibel benutzt den Ausdruck 'Engel', um eine körperliche Vereinigung zwischen Gott und Mensch zu beschreiben. In der Religionswelt Kanaans glaubte man an eine körperliche Verbindung zwischen göttlichen Wesen und Menschen, wie diese aus der überlieferten griechischen Mythologie vielfältig bekannt ist. Auch das ist archaische Religiosität.

Im 1.Buch Mose wird erzählt, dass sich „Gottessöhne" in die von Gott geschaffenen Menschen verlieben, sie heiraten und mit ihnen Nachkommen zeugen.[5]

Daher kommen die Helden.

Die biblische Gestalt eines Simson entstammt einer solchen Engelszeugung. Bezeichnend ist die „Form", in der Gott sich einer Frau nähert. Es ist der „Engel Jahwes", der von der geschwängerten Mutter fordert: „Der Sohn, den du zur Welt bringst, soll von seiner Geburt an Gott geweiht sein". Dieser „Supermann" Simson wird später zwanzig Jahre lang zum Anführer der Israeliten im Kampf gegen die Philister werden.[6]

---

5 1.Buch Mose 6,1-2
6 Richter 13, 3-21

Zusammenfassend kann festgestellt werden, dass es in der Glaubenswelt der alten Hebräer noch nicht die Vorstellung von Engeln als selbständige Geistwesen gab.
→ **Der „Engel Gottes" ist ein Ausdruck für Gottes Anwesenheit.**

Historisches Stichwort: Babylonisches Exil

Jerusalem, ein unbedeutendes Fleckchen lag im Überlappungsbereich der Gebietsansprüche zweier Großmächte: Ägypten und Babylon.
In der Schlacht bei Karkemisch im Jahre 605 v.Chr. siegte der babylonische König Nebukadnezar über den ägyptischen Pharao Necho, dessen Vasall das Land Juda bis dahin war. Der Herrscher von Jerusalem, Jojakim, hatte auf das falsche Pferd gesetzt. Er glaubte an die Jahrhunderte alte Verbindung Palästinas zur Kornkammer Ägypten. Der Ungehorsam des Judäerkönigs gegenüber Babylon provozierte den Militärschlag der mesopotamischen Großmacht. Der Einmarsch der Truppen ließ nicht lange auf sich warten. Im Jahr **597** v. Chr. musste Jerusalem kapitulieren. Jojakim und die herrschende Oberschicht wurden als Gefangene nach Babylon abtransportiert. Unter ihnen war auch ein Ezechiel, der Sohn eines Priesters, von dem noch die Rede sein wird. Der Prophet Jeremia[7] berichtet, es seien 4600 Judäer deportiert worden. Anderslautend

---
7 Jeremia 52,28-30

heißt es im 2.Buch der Könige[8] 10.000 wurden deportiert. Zu dieser Zahl sind noch die Familienangehörigen hinzu zu addieren, denn im Altertum wurden nur die Männer gezählt.

Die Wegführung der Oberschicht eines besiegten Landes ist kein ungewöhnlicher Vorgang. Auf diese Weise wollten die Sieger jeglichen Widerstand im besiegten Gebiet brechen. Im Falle Judas reichte diese Maßnahme offenbar nicht aus. Als der in Juda neu eingesetzte König Zedekia der auferlegten Tributleistung nicht oder nur unvollständig nachkam, zog Nebukadnezar **587** v. Chr. ein zweites Mal gegen Jerusalem. Er nahm grausam Rache und vernichtete die Stadt und den Staat Juda. Abermals wurde ein Teil der überlebenden Bevölkerung

---

8 2.Könige 24,12
9 Palästina 600 v. Chr. Landkarte von GOOGLE lizenzfrei

nach Babylonien deportiert. Die danach noch Verbliebenen und ihre Nachkommen werden in den nächsten Jahrzehnten im Gebiet des ehemaligen Staates Juda ein bescheidenes Leben gefristet haben. Im Jahre 587 v. Chr. musste Jerusalem kapitulieren.
Diese Zeit von 597 v. Chr. bis 520 v. Chr. wird als das *„babylonische Exil"* bezeichnet.

In Jerusalem sind die Lichter aus

Der Archäologie fehlt bislang die Möglichkeit, die Katastrophe von 587 v. Chr. zu untersuchen. Archäologische Grabungen sind in Jerusalem verboten. Sie würden große religiöse Konflikte hervorrufen. Die Spuren von damals sind tief unter der heutigen Stadt Jerusalem verborgen. Denn durch umfangreiche Planierungen hat Königs Herodes um die Zeitenwende das Jerusalemer Gelände gründlich verändert. Er hat die Stadt erweitert, und den schönsten und größten Tempel aller Zeiten in Jerusalem erbaut.
Und doch ist sein Bild in der Bibel einseitig negativ geprägt. Man denke nur an die Rufschädigung, die Herodes durch die Geschichte vom Kindermord in Bethlehem, - der dem Jesuskind gegolten haben soll – unauslöschlich eingebrannt wurde.

Propheten und Engel

Mit der Zerstörung Jerusalems wurde auch eine alte Tradition ekstatischer Religiosität beendet, das sogen. Prophetentum (Fachjargon: Nabitum). Im Hebräischen heißt Nabi einfach „Sprecher". Propheten waren von sich überzeugt, das Sprachrohr Gottes zu sein. Nach der Überlieferung des Alten Testaments redet Gott durch seine Propheten.
Als sie in Kanaan lautstark auftraten, gab es noch nicht das Wort Gottes in Buchform, die Heilige Schrift.
Ihre Kritik richtete sich vor allem gegen den jeweils regierenden König in Juda und Israel.
Schon damals machte die Regierung alles falsch.
Der Prophet wusste es besser.
Was er sagte, kam direkt von Gott, wie er betonte.
Einige Beispiele:
- Hosea wirkte vor dem kriegerischen Ende des Staates Israel und legitimiert sich durch das „Gott sagt" oder „noch einmal sagte der Gott Jahwe zu mir."
- Für Amos[10] sind die Propheten die Boten Gottes. Amos wirkte in Juda um 760 v. Chr. Er verstand sich als der Bote Gottes.[11]
- Micha hat als Zeitgenosse Jesajas zwischen 730 und 700 v. Chr. seine Kritik an den Herrschenden

---
10 Amos 3,8
11 Amos 7,1 „Hört, was Gott Jahwe, mich schauen ließ"

- legitimiert mit den Worten[12] „hört, was der Gott Jahwe mir befohlen hat."
- Haggai wird von seinen Zuhörern anerkannt.[13] „Sie erkannten, dass Gott den Propheten zu ihnen geschickt hatte."

Reden der Propheten, auch Erzählungen über sie, werden aufgeschrieben und bilden einen eigenen Teil des jüdischen Tanach wie der christlichen Bibel. Die umfangreiche Sammlung eines Jesaja vereint weitere namentlich nicht bekannte Propheten (Deuterojesaja, Tritojesaja).

Prophetenbücher und Psalmen (Lieder) bilden einen umfangreichen Pool, um an einzelnen Redewendungen und Sprüchen meditative Betrachtungen oder politische Aussagen festzumachen, wie z.B. Jesajas „Schwerter zu Pflugscharen" und viele andere.

Es kam vor, dass ein König den seherischen Rat des Propheten suchte, um etwas über die Zukunft zu erfahren.

Für den israelischen König Ahab stand eine kriegerische Auseinandersetzung mit dem syrischen Nachbarn bevor. Der König versammelte alle Propheten des Landes, um sich den Kriegsausgang orakeln zu lassen. Mit wenig Erfolg.

---

12 Micha 6,1
13 Haggai 1,12

Es wurde viel zu viel im Namen Gottes verkündet, angedroht, angepriesen, für alternativlos erklärt und allgemein durcheinander geschrien. Die Zahl der Propheten war viel zu groß.
Da rief der König von Israel alle Propheten zusammen, etwa vierhundert, und fragte sie: Soll ich die Stadt Ramot angreifen oder nicht?[14]
Die Versammlung musste auf einem freien Platz vor dem Stadttor Samarias stattfinden. Leicht zu begreifen, dass ein Durcheinander von vierhundert Propheten im Zustand ekstatischer Begeisterung kein Ergebnis für den König brachte. Vorbilder einer TV-Show, in der alle durcheinander quasseln, gab es bereits im Altertum.

Der ungezügelten Prophetie suchte man schon im alten Israel beizukommen, allerdings mit wenig Erfolg. In der Bibel heißt das, 'Kampf gegen die falschen Propheten'. Der angesehene Prophet Jeremia beklagte sich bei Gott und erhielt zur Antwort[15] „Diese Propheten erzählen Lügen! Es ist nicht wahr, dass sie in meinen Auftrag reden. Ich habe sie nicht geschickt, ich habe kein Wort zu ihnen gesagt! Was sie für Offenbarung ausgeben, ist leeres Gerede; sie prophezeien, was sie sich selbst ausgedacht haben!"
Ein Prüfkriterium für prophetische Worte kennt das

---

14 2.Könige 22,6
15 Jeremia 14,14

Deuteronomium: Wenn ein Prophet im Namen des Herrn etwas sagt, und seine Voraussage trifft nicht ein, dann hat der Herr nicht durch ihn geredet.
So einfach ist das also.

**-->*Die große Zeit der Propheten geht mit der Zerstörung des Staates Juda zu Ende. Engel werden ihre Nachfolger.*

Der Engel ist göttlich. Seine Autorität kann nicht angezweifelt werden. Der Zweifler kann höchstens die Gefolgschaft verweigern. Damit disqualifiziert er sich als Ungläubiger. Nur der Einzelne kann sich dem Mainstream, wie man heute sagen würde, entziehen. Der engelhafte Überbringer einer politischen Forderung entzieht sich jedem Zugriff. Er kommt aus der Unerreichbarkeit des Himmels. Und ist wieder weg.
Das macht eine solche „Institution" Engel überlegen gegenüber dem persönlich haftenden Propheten.
Sie lebten gefährlich. Es drohte ihnen Ausweisung oder Tod. Der Prototyp des Propheten, Elia, musste drei Jahre lang in die Wildnis fliehen,[16] um den Verfolgungen König Ahabs zu entgehen. Und nach dessen Tod trachtete dessen Gattin, die Königin Isebel, eine Anhängerin des Baalkultes, Elia nach dem Leben.

---

16 1.Könige 17,2-4

Für die den neuen Staat planenden Judäer stellt sich die Frage: Lässt sich mit einer solchen Institution „Propheten" die Ordnung eines neuen Gemeinwesens, eines Religionsstaates, überhaupt organisieren? Auf welche Stimme im vielfältigen Chor der Propheten soll man hören? Wie soll ein neuer Staat organisiert werden? Bei einem der letzten Propheten, Sacharja, zeigt sich eine Wende. Er kann nur durch die Vermittlung eines Engels zu dem Gott in Kontakt treten. Zwischen Gott und dem Menschen gibt es keinen direkten Kontakt mehr. Gott redet zu einem Engel. Dieser sagt es an Sacharja weiter. Sacharja seinerseits kann nur einen Engel fragen, der das Gesagte an Gott weitergibt.

Sacharja markiert einen Übergang. Die Zeit des einfachen „Gott hat mir gesagt…" der früheren kanaanäischen Propheten ist vorbei. Engel repräsentieren den metaphysischen, fernen Gott. Nur die Engel können den Zugang zu Gott im Jenseits herstellen. Das ist neu. Das macht Propheten künftig brotlos und überflüssig.

In der Planung der religiösen Neuordnung, dem Aufbau eines Gemeinwesen als Gottesstaat, werden die Propheten als Sprecher Gottes abgeschafft und durch die Institution „Engel" ersetzt. Das stärkt die zentrale Gewalt in der Hand des Oberpriesters.

Die Engelsvorstellung in Babylon

In Babylon übernehmen die Judäer den Glauben an Engel. Wir finden sie ausgeprägt bei Ezechiel. Er ist der Sohn eines Priesters, ein Kind von deportierten Judäern. Seine Phantasie blickt seiner Zeit weit voraus in ein technisches Zeitalter, ein „hellseherischer" Blick in eine Zeit, die mehr als zwei Jahrtausende später eintreten wird. In seiner Vorstellung reist der Himmlische in einer Art Raumfahrzeug.

„An jenem Tag öffnete sich der Himmel und die Wolke brach auf und aus ihrem Inneren leuchtete ein helles Licht wie der Glanz von gleißendem Gold. In dem Licht sah ich vier Gestalten, die wie Menschen aussahen, doch hatte jede von ihnen vier Flügel. Sie hatten Menschenbeine mit Hufen wie Stiere und ihr ganzer Körper funkelte wie blankes Metall. Unter den Flügeln sah ich vier Menschenarme. Jede der geflügelten Gestalten hatte vier Gesichter. Sie konnten sich in alle vier Richtungen bewegen, ohne sich umzuwenden. Sie gingen wohin der Geist Gottes sie trieb. Zwischen den geflügelten Gestalten war etwas, das wie ein Kohlenfeuer aussah. Aus dem Feuer kamen Blitze. Als ich genauer hinsah, erblickte ich neben jeder der vier Gestalten ein Rad, das den Boden berührte. Alle Räder waren gleich groß und funkelten wie Edelsteine. In jedes Rad war ein zweites Rad im rechten Winkel eingefügt, sodass es nach allen vier Richtungen laufen konnte, ohne vorher gedreht zu werden. Die Räder waren riesengroß und ihre Felgen waren ringsum mit funkelnden Augen bedeckt Wenn sich die geflügelten Gestalten fortbewegten, dann bewegten sich auch die Räder mit ihnen, und wenn sich die Gestalten von der Erde erhoben,

hoben sich auch die Räder von der Erde. Ein Geist und ein Wille beherrschte alle vier. Über den Köpfen der vier Gestalten sah ich eine feste Platte, von der ein Schrecken erregender Glanz ausging. Sie ruhte auf den Köpfen der Gestalten. Ich hörte das Rauschen der Flügel. Es dröhnte wie die Brandung des Meeres, wie die Donnerstimme des allmächtigen Gottes. Auf der Platte aber stand etwas, das aussah wie ein Thron aus blauem Edelstein, und darauf war eine Gestalt zu erkennen, die einem Menschen glich. Die ganze Gestalt war von einem Lichtkranz umgeben. So zeigte sich mir der Herr in seiner strahlenden Herrlichkeit."[17]

Nein, sie haben sich nicht in ein Buch des Herrn Erich von Däniken verirrt, das hier steht in der Bibel! Der Prophet Ezechiel macht seinen Landleuten die Existenz Gottes und dessen mögliche Ankunft zu jeder Zeit anschaulich plausibel. Mit diesem Gefährt kam der Gott Elohim aus einer mächtigen Wolke und von einem hellen Schein umgeben angereist. Einem Ezechiel reicht er die Hand und stellt ihn in seinen Dienst. Damit ist die Autorität eines Ezechiel gesichert, wem hat sonst der Höchste die Hand gereicht? Mit diesem Fahrzeug reiste der Überirdische sowohl nach Jerusalem, als auch zu den Deportierten an den Euphrat. Wo Gott jederzeit auf übernatürliche Weise in die alltägliche Welt einreist, kann es für die Verbannten nicht hoffnungslos sein – so muss die Botschaft dieser außergewöhnlichen Erscheinung lauten.

---

[17] Ezechiel Kapitel 1

Der theologische Aspekt solcher Gottesvorstellung soll auf Schutz und Überlegenheit abstellen. Die Deportierten brauchen in der Fremde nicht zu verzweifeln, angesichts eines solchen überlegenen Gottes über den Wolken. Man muss nur an ihn glauben.
Die Botschaft ist bei den Judäern angekommen. Sie singen in Psalmen „Der du über den Keruben thronst, zeige dich in strahlendem Glanz".

Die Deportierten im babylonische Exil lebten in einem gemeinsamen Wohngebiet am Euphrat. Das biblische Buch Daniel weiß zu berichten, dass fähige junge Männer in der Schrift, in der Sprache und in der Kultur Babyloniens ausgebildet wurden. Einige besonders Erfolgreiche schafften es sogar in den Dienst am Königshof.

Der beschützende Engel

Das hört man gern. Ein Engel passt auf mich auf.
Im Buch Daniel findet sich der Engel als Beschützer des Menschen. Diese Funktion eines Engels übernimmt spätere Frömmigkeit gern.
Daniel gehörte zu den Zwangsdeportierten. Weil er begabt war, kam er an die Schule des Königs Nebukadnezar.
Der König erließ einen Befehl, dass derjenige in den Ofen gesteckt wird, der sich weigert, das Standbild des Königs

anzubeten. Drei gottgläubige Judäer verweigern das. Sie werden gefesselt in den Ofen geworfen. Plötzlich wird ein vierter Mann im Feuer gesehen. An seinen Flügeln erkennt man ihn. Er ist ein Schutzengel. Er breitet seine Flügel aus, um die Gottestreuen vor den Flammen zu bewahren. Auf diese Weise geschieht ein Wunder: Drei Männer überstehen den Feuerofen unversehrt.
In einem andern Fall lautet die Bestrafung: Ab in den Löwenkäfig! Dem Protagonisten der Geschichte, Daniel, war die Treue zu seinem Gott wichtiger. Neugierige Blicke der Zuschauer in den Löwenkäfig. Und es passierte nichts. Auch wenn er kaum zu sehen war, der Engel beschützt Daniel. Die Löwen konnten ihm nichts anhaben.
Noch spektakulärer wird nach einer späteren Fassung im 14.Kapitel des Daniel-Buches die Hilfe durch einen Engel gesteigert. Im Land Juda hatte sich der Prophet Habakuk auf dem Feld ein Essen zubereitet. Da fordert der Engel ihn auf, bring das Essen nach Babylon zu David in die Löwengrube. Den zögerlichen Habakuk packt der Engel kurzerhand am Haarschopf und fliegt mit ihm nach Babylon. Dort kann er Daniel sein Essen in den Käfig der Löwen reichen. Anschließend fliegt ihn der Engel an den Ausgangsort nach Juda zurück.[18] Hin- und Rückflug mit derselben Airline.

---

18 Daniel 14, 31-41

Das Ausufern der Engelsvorstellung

Der Dualismus der zoroastrischen Religion bringt ab dem 2. vorchristlichen Jahrhundert eine eigene Literaturgattung hervor, die man als apokalyptische bezeichnet. Im Wechselspiel von Gut-Böse, Engel-Dämon, Gott-Teufel wird die Welt interpretiert.

Eine Vorhersage vom Ende der Welt hatten die Propheten gemacht. Das aber war nicht eingetreten. Alexander der Große hatte die alten Reiche im Orient zerstört. Die Weltordnung war durcheinander geraten. Könnte das nicht bereits der Anfang vom Ende der Welt sein?, so fragte man.

Da ist Raum für endlose Spekulationen. Als besondere Weisheit galt, die Träume über die Endzeit zu entschlüsseln. Das findet man im apokalyptischen 'Buch der Weisheit'; es hat zwar keinen Eingang in die Bibel gefunden. Das Buch Daniel schon, wenngleich die Eignung für die Bibel lange Zeit umstritten war.

Der jüdische Tanach besteht aus drei Rubriken: Gesetz, Propheten, Schriften. Daniel wurde nicht in die Propheten eingereiht, man hat ihn sozusagen unter 'Ferner-liefen' in die 'sonstigen Schriften' einsortiert.

In der Makkabäerzeit[19] galt der Geist der Prophetie als erloschen.

Die Nachfolge hatte der Glaube an die Engel angetreten.

---

19 1.Makkabäer 9,27 im 2.vorchristlichen Jahrhundert

Das Alte Testament gibt dem Daniel-Buch mehr Bedeutung. Hier findet es sich an vierter Stelle unter den großen Propheten in der Bibel.
Das entspricht bereits dem Geist des Neuen Testaments.

Im letzten Buch der Bibel, der *Offenbarung des Johannes,* spielen Engel eine große Rolle. Für Johannes sind sie als Gehilfen Gottes das Wichtigste in der Welt. Der Schreiber, der sich Johannes nennt, hatte das Wort Gottes so verkündet, wie es niemand hören wollte. Deshalb war er auf die Insel Patmos verbannt worden.
Von dort schreibt er Briefe an die Gemeinden Pergamon, Ephesus und andere - genauer gesagt an deren Engel.
Dem Blick des Johannes öffnet sich eine Tür zum Himmel. Was er dort sieht, überwältigt ihn. Er hat die überirdische Welt gesehen. Da blasen sieben Engel sieben Posaunen und es geschehen wundersame und abstruse Dinge. Da steigt ein Engel mit einem Regenbogen auf dem Kopf in einer Wolke zur Erde hernieder. Er kann brüllen wie ein Löwe.
In der Phantasie erscheinen Ortsnamen wie Ägypten und Sodom ohne jeden sinnvollen Kontext.
Da gibt es Drachen, die Wüste und jede Menge Fabeltiere. Der Teufel ist vorübergehend sicher gestellt und für tausend Jahre mit einer Kette gefesselt.
Es gibt den Engel, der für das Feuer zuständig ist und den Engel, der für das Wasser zuständig ist. Ein Engel lacht aus der Sonne - Zarathustra lässt grüßen.

Die genannten sieben Engel bringen sieben
Katastrophen. Das Buch ist voll mit vielen Zahlen.
Diese haben Interpreten immer wieder zu entschlüsseln
versucht. Der da-Vinci-Code hat Vorläufer.
Hier ist viel Spielraum für irgendeinen Symbolsinn.
Umfangreich sind die Bilder des Fluches auf Babylon, wo
das Blut des Gottesvolkes geflossen ist. Und groß ist die
Freude über den Untergang dieser Stadt. Sie wird als
Hure benannt, die von einem Engel wie ein Stein ins
Meer geworfen wird.
In einem anderen Bild spaltet das größte Erdbeben seit
Menschengedenken die verhasste Stadt Babylon in drei
Teile. Der siebente Engel gießt eine Schale des Zorns aus.
In der Welt der 'Offenbarung des Johannes' wird
vollständig mit der Realität gebrochen. Angelologie ist
grenzenlos zur Phantasiewelt geworden.
Zum Abschluss droht der Visionär Johannes dem Leser
seines Buches, wer davon etwas weglässt oder hinzufügt,
also das hier Aufgeschriebene nicht in vollem Umfang
glauben will, erleidet die gleichen Qualen, die er
abscheulich genug in seiner Phantasie beschrieben hat.
Verdammt sei, wer es nicht glauben will.

Die namentliche Aufzählung der sieben Engel findet sich
im Buch Henoch,[20] das nicht in der Bibel steht. Es sind
Michael, Gabriel, Raffael, Uriel, Jehudiel, Barachiel und

---

20 Henoch 19, 1-7 ebenfalls im Buch Tobit 12,15

Salathiel. An der Endsilbe -el (Gott) ist zu erkennen, dass es die heiligen sind. Die Bezeichnung Erzengel kam erst später dafür auf. Die Siebenzahl steht übrigens für 'Vollkommenheit'.

Engel in der Kirchengeschichte

Die Vorstellung eines persönlichen Schutzengels wird in der Kirchengeschichte zur Selbstverständlichkeit. Der Glaubende beschreibt seine Welt so, als habe sie sich durch das Eingreifen eines Engels verändert.
Der Apostel Paulus hat mit der christlichen Botschaft auch die Engelsvorstellung im Römischen Reich verbreitet. Kaiser Theodosius der Große erhob 380 das Christentum zur alleinigen Reichskirche.
Bereits vorher hatte sie auf dem Konzil in Nizäa 325 ihr Glaubensbekenntnis festgelegt. Auf einem weiteren Konzil 561 in Braga (Reich der Sueben, heute Portugal) wurde festgeschrieben, dass der Teufel einstmals als ein guter Engel von Gott erschaffen war. Die in der Bibel vorkommenden Engel Gabriel, Michael und Raffael dürfen zwar angerufen aber nicht angebetet werden.

Engel und Katholische Kirche

Der Katechismus der Katholische Kirche (KKK) formuliert die offizielle Lehre der Kirche. Dort heißt es: „Dass es geistige, körperlose Wesen gibt, die von der Heiligen Schrift gewöhnlich Engel genannt werden, ist eine Glaubenswahrheit."[21] Für einen Katholiken ist das zu glauben, „was die Kirche als von Gott geoffenbarte Wahrheit zu glauben vorlegt".[22] D.h. Unglaube ist es nach katholischer Interpretation, nicht an Engel zu glauben. Die Idee eines persönlichen Engels, den es so in der Religion des Zarathustra nicht gab, ist eine katholische Weiterentwicklung. „Von der Kindheit an bis zum Tod umgeben die Engel mit ihrer Hut und Fürbitte das Leben des Menschen. Einem jeden der Gläubigen steht ein Engel als Beschützer und Hirte zur Seite, um ihn zum Leben zu führen."[23]

Auch Dämonen und der Teufel werden in der katholischen Kirche als unsterbliche Wesen geglaubt. „Satan oder der Teufel und die weiteren Dämonen waren einst Engel, sie sind aber gefallen, weil sie sich aus freiem Willen weigerten, Gott in seinem Ratschluss zu dienen. Ihre Entscheidung gegen Gott ist endgültig. Sie suchen den Menschen in ihren Aufstand gegen Gott hineinzuziehen." (KKK 414)

Engel im Protestantismus

Die Kirchen der Reformation haben das kirchliche Lehramt abgeschafft, das festlegt, was zu glauben ist. Auch die biblischen Texte sind nicht normativ, sondern

---

21 KKK 328
22 KKK 182
23 KKK 336

menschliche Zeugnisse von der Botschaft Jesu. Sie müssen zu jeder Zeit neu interpretiert werden. Theologische Ergebnisse sind für den Glauben nicht bindend. Die evangelische Theologie hat es überwunden, dass biblische Texte im wörtlichen Sinn zu verstehen sind. So ist sie frei, Engel als Symbol zu verstehen und nicht als Wesen.

Engel und Weihnachten

Die Christenheit feiert Weihnachten als das große Fest der Geburt von Jesus. Mit diesem Ereignis, Gott erscheint als Mensch, hat sich eine theologische Wende im Gottesbegriff vollzogen. Gott in der Ferne braucht weder Propheten noch Engel als Zubringer, Boten, Vermittler. Er ist selbst Mensch geworden. Das macht Propheten und Engel zum Auslaufmodell. Sie sind überholt.

Die Ankunft von Jesus Christus feiert die Christenheit zu Weihnachten. In diesem Zusammenhang sind die Engel zu Schmuck geworden. Als liebevolles Beiwerk haben sie ihren Platz gefunden. So ist ihr Symbolcharakter gut zur Geltung gekommen. Sie schmücken das Fest. Und dieses Brauchtum hat im Laufe der Zeit vielfältige Formen entwickelt. Doch es droht Gefahr.

In der islamischen Religion ist Weihnachten kein Fest. Christus ist nur einer in der Reihe der Propheten. Zwar kennt der Koran auch die Geburt durch die Jungfrau

Maria. Doch zentriert ist der Islam auf das Wort des letzten Propheten. Mohameds Gottesbegriff gibt die Richtung vor. Da ist für Weihnachten kein Platz.

Exkurs: Der dreifache Gott (Trinität)

Wie ist das zu erklären? Monotheismus heißt, es gibt nur einen Gott. Verlässt das Christentum den Ein-Gott-Glauben, wenn es neben dem Welt-Erschaffer-Gott den Heiligen Geist und Jesus Christus als gleichrangig glaubt?
Das zu verstehen, fiel schon in den Anfängen des Christentums schwer. Vor allem für Menschen, die zum christlichen Glauben übertreten wollten. Die größte Gruppe war das Volk der germanischen Goten, das geschlossen zum christlichen Glauben übertrat. Bischof Wulfila war ein besonders engagierter Christ. Er übersetzte um das Jahr 350 die Bibel in die gotische Sprache. Da konnten die Goten nachlesen, dass der Schöpfergott, sein Sohn Jesus Christus und der Heilige Geist nicht die selbe Person sind, wie von der Kirche behauptet wird. Die Goten waren nicht die ersten und nicht die einzigen mit ihrem Unverständnis.
Selbst Theologen fanden einen dreifachen Gott nicht logisch. Der berühmteste unter ihnen lebte in der damals bedeutenden christlichen Stadt, in Alexandria in Ägypten. Er hieß Arius. Seine Lehre umfasst nur drei Sätze.

1.Gott selber wurde nicht geschaffen und ist ohne Ursprung.
2.Jesus Christus ist von Gott geschaffen und nicht mit Gott wesensgleich.
3.Der Sohn ist weniger als Gott.
Das war Zündstoff für die junge Kirche. Dieser Arianische Streit spaltete die Christenheit im vierten Jahrhundert. Geklärt wurde er nie. Der Kaiser Theodosius verfügte die Beendigung des Streits. Er verbannte Arius ins Exil. Das Christentum wurde Staatsreligion im ganzen Römischen Reich. Auf dem Konzil in Konstantinopel 381 wurde die Trinität, also die Formel des dreifachen Gottes, zum Glaubensbekenntnis erhoben. Widerspruch war Ketzerei. So einfach ging das.

Die deportierten Judäer in Babylon

Babylon ist jedem Bibelleser ist durch den gewaltigen babylonische Turm bekannt, der zur damaligen Zeit die Welt erstaunen ließ. Er ist eins der sieben alten Weltwunder. Die erzählte 'Sprachverwirrung' ist Ausdruck von Orientierungslosigkeit. Menschen können sich nicht mehr verständigen. Nicht-die-gleiche-Sprache-sprechen bedeutet auch inhaltliches Auseinandersein.

In Babylon gab es andere Religionen und Götter als in Kanaan. Neben Marduk, dem alten Stadtgott Babylons, war Ahura Mazda der Hauptgott der Religion des

Zarathustra. Diese wurde später Staatsreligion des ganzen Persischen Reiches. Der persische Großkönig Darius I. (522 – 486 v.Chr.) war Anhänger und Förderer der Zarathustra-Religion. Darius sah sich selbst als König von Ahura Mazdas Gnaden.
Auf einer Abbildung ist Ahura Mazda als geflügelter Mensch dargestellt.

Die Judäer lebten in ihrem babylonischen Exil in dieser religiösen Weltanschauung Zoroasters. Das färbt ab, wie das Beispiel 'Entstehung der Welt' zeigt.

Die Entstehung der Welt - Zarathustra

Als Zarathustra dreißig Jahre alt war, erschien ihm eines Tages im morgendlichen Dämmerlicht Vohu Mana (der Engel vom Geist Gottes). So berichtet er seine „Erleuchtung", vom Licht des Himmels getroffen. Ein Engel öffnete ihm das Tor zum göttlichen Licht des Ahura Mazda. Das Symbol des Ahura Mazda ist die geflügelte Sonne.

In den Gathas bezeichnet Zarathustra selbst mehrmals dieses „Traumgesicht" als sein Berufungserlebnis. In seiner Vision erkannte Zarathustra Ahura Mazda als den Herrn der Schöpfung. Ahura Mazda hat durch einen Windhauch den Himmel in der Gestalt eines Eies geschaffen.

Die Schöpfungsgeschichte Zarathustras kennt die Reihenfolge: Licht/Sonne, Himmelsgewölbe, Wasser, Erde, Pflanzen, alles Leben, zuletzt der Mensch. Bemerkenswert am Schöpfungsmythos des Zarathustra ist die als offen gestellte Frage nach dem Ursprung. Wer hat das gemacht?

> *Ich frage dich, Ahura Mazda,*
> *gib mir die wahre Antwort!*
> Wer bestimmt den Weg von
> Sonne und Sternen, durch wen
> nimmt der Mond zu und ab?
> Wer hält die Erde unten,
> das Himmelsgewölbe oben?
> Wer erschuf die Gewässer,
> wer erschuf die Pflanzen?
> Wer erschuf das Licht und das
> Dunkel, Morgen, Mittag, Nacht?
> Warst du es, Ahura Mazda?
> Du kennst alles,
> du Schöpfer der Dinge.
> Dein heiliger Geist hat alles
> erschaffen.
> Und so ist es geworden.
> Von allem Anfang an hast du das
> Leben erschaffen.

> *Du gabst der Seele den Körper des Menschen.*
> *Du bist der wirkliche Schöpfer.*
> *[Yasna 44]*

Angesichts der Frageform lässt sich leicht der Name des Gottes Jahwe einsetzen. Und so ähnelt dann die Geschichte in der Bibel.

Die Entstehung der Welt - Bibel

Der biblische Schöpfungsbericht im 1. Buch Mose, den die alttestamentliche Wissenschaft der Zeit des babylonischen Exils zuordnet, zeigt deutliche Parallelen zur Vorstellung des Zoroastrismus. Eingebunden in das Wochenschema von sieben Tagen hat Gott die Welt geschaffen. Gott erschafft zuerst das Licht, also die Sonne. Danach werden Wasser und Erde getrennt. Auf der Erde wachsen Pflanzen und Bäume als Werk des dritten Tages. Die Anordnung der Gestirne und die Beobachtung des Himmels kannten schon die ältesten Kulturen der Menschheit. Der babylonische Turm war eine Sternwarte.
Am sechsten Tag folgt die Erschaffung des Menschen als Gottes Ebenbild. Danach war Ruhetag.

> Am Anfang schuf Gott Himmel und Erde. Und die Erde war wüst und leer, und es war finster auf der

Tiefe; und der Geist Gottes schwebte auf dem Wasser. Und Gott sprach: Es werde Licht! Und es ward Licht. Und Gott sah, dass das Licht gut war. Da schied Gott das Licht von der Finsternis und nannte das Licht Tag und die Finsternis Nacht. Da ward aus Abend und Morgen der erste Tag. Und Gott sprach: Es werde eine Feste zwischen den Wassern, die da scheide zwischen den Wassern. Da machte Gott die Feste und schied das Wasser unter der Feste von dem Wasser über der Feste. Und es geschah so. Und Gott nannte die Feste Himmel. Da ward aus Abend und Morgen der zweite Tag. Und Gott sprach: Es sammle sich das Wasser unter dem Himmel an besondere Orte, dass man das Trockene sehe. Und es geschah so. Und Gott nannte das Trockene Erde, und die Sammlung der Wasser nannte er Meer. Und Gott sah, dass es gut war. Und Gott sprach: Es lasse die Erde aufgehen Gras und Kraut, das Samen bringe, und fruchtbare Bäume auf Erden, die ein jeder nach seiner Art Früchte tragen, in denen ihr Same ist. Und es geschah so. Und die Erde ließ aufgehen Gras und Kraut, das Samen bringt, ein jedes nach seiner Art, und Bäume, die da Früchte tragen, in denen ihr Same ist, ein jeder nach seiner Art. Und Gott sah, dass es gut war. Da ward aus Abend und Morgen der dritte Tag. Und Gott sprach: Es werden Lichter an der Feste des Himmels, die da scheiden Tag und Nacht und geben Zeichen, Zeiten, Tage und Jahre und seien Lichter an der Feste des Himmels, dass sie scheinen auf die Erde. Und es geschah so. Und Gott machte zwei große Lichter: ein großes Licht, das den Tag regiere, und ein kleines Licht, das die Nacht regiere, dazu auch die Sterne. Und Gott setzte sie an die Feste des Himmels, dass sie schienen auf die Erde und den Tag und die Nacht regierten und schieden Licht und Finsternis. Und Gott sah, dass es gut war. Da ward aus Abend und Morgen der vierte Tag. Und Gott sprach: Es wimmle das Wasser von lebendigem Getier, und Vögel sollen fliegen auf Erden unter der Feste des Himmels. Und Gott schuf große Walfische und alles Getier, das da lebt und webt, davon das Wasser wimmelt, ein jedes nach seiner Art, und alle gefiederten Vögel, einen jeden nach seiner Art. Und Gott sah, dass es gut war. Und Gott segnete sie und sprach: Seid fruchtbar und mehret euch und erfüllet das Wasser im Meer, und die Vögel sollen sich mehren auf Erden. Da ward aus Abend und Morgen der fünfte Tag. Und Gott sprach: Die Erde bringe hervor lebendiges Getier, ein jedes nach seiner Art: Vieh, Gewürm und Tiere des Feldes, ein jedes nach seiner Art. Und es geschah so. Und Gott machte die Tiere des Feldes, ein jedes nach seiner Art, und das Vieh nach seiner Art und alles Gewürm des Erdbodens nach seiner Art. Und Gott sah, dass es gut war. Und Gott sprach: Lasset uns Menschen machen, ein Bild, das uns gleich sei, die da herrschen über die Fische im Meer und über die Vögel unter dem Himmel und über das Vieh und über alle Tiere des Feldes und über alles Gewürm, das auf Erden kriecht. Und Gott schuf den Menschen zu seinem Bilde, zum Bilde Gottes schuf er ihn; und schuf sie als Mann und Frau. Und Gott segnete sie und sprach zu ihnen: Seid fruchtbar und mehret euch und füllet die Erde und machet sie euch untertan und herrschet über die Fische im Meer und über die Vögel unter dem Himmel und über das Vieh und über alles Getier, das auf Erden kriecht. Und Gott sprach: Sehet da, ich habe euch gegeben alle Pflanzen, die Samen bringen, auf der ganzen Erde, und alle Bäume mit Früchten, die Samen bringen, zu eurer Speise. Aber allen Tieren auf Erden und allen Vögeln unter dem Himmel und allem Gewürm, das auf Erden lebt, habe ich alles grüne Kraut zur Nahrung gegeben. Und es geschah so. Und Gott sah an alles, was er gemacht hatte, und siehe, es war sehr gut. Da ward aus Abend und Morgen der sechste Tag. So wurden vollendet Himmel und Erde mit ihrem ganzen Heer. Und so vollendete Gott am siebenten Tage seine Werke, die er machte, und ruhte am siebenten Tage von allen seinen Werken, die er gemacht hatte. Und Gott segnete den siebenten Tag und heiligte ihn, weil er an ihm ruhte von allen seinen Werken, die Gott gemacht hatte. So sind Himmel und Erde geworden, als sie geschaffen wurden.

Diese meisterhaft gestaltete Dichtung[24] wird in der Bibel neben eine ältere Vorstellung des Jahwisten[25] gestellt, in der Gott feuchte Erde nahm und daraus den Menschen formte. Pflanzen gab es noch keine in der Steppe. Nun legt Gott einen prächtigen Garten an, den der Mensch pflegen soll und und der ihn ernährt. In einem zweiten Schritt formt dann Gott die Tiere aus der Erde, und erschuf zuletzt die Frau aus einer Rippe des Mannes. In der Bibel stehen diese beiden konvergierenden Vorstellungen über den Anfang des Lebens auf der Erde nebeneinander.
Betrachtet man diese zweite Weltentstehungs-Idee auf dem Hintergrund des Mazdaismus, so fällt auf:
Ahura Mazda gibt der Seele des Menschen einen Körper, während der biblische Schöpfer dem Körper eine Seele gibt.
Gott haucht dem zunächst leblosen, und aus Erde geformten Körper eine Seele ein. Diese ist an den Körper gebunden und nicht ohne diesen vorhanden.
Etwaige Seelenwanderung ist ausgeschlossen.

Der Teufel

Die Religion des Zarathustra hat noch mehr zu bieten als nur Engel. Sie denkt dualistisch. Zu den Engeln als Gestalten des Guten gehört das Gegenteil: der 'Teufel' als

---

24 1.Mose 1,1- 2,4
25 1.Mose Kap.2 und 3

Verkörperung des Bösen, auch 'gefallener Engel' genannt. Im Koran heißt er Iblis. Zoroaster lehrte, dass der Mensch in seinem Leben die Wahl zwischen Gut und Böse hat. Es ist jedem Menschen frei überlassen, sich für das Gute zu entscheiden, und damit den Kampf Ahura Mazdas gegen das Böse zu unterstützen. Der Mensch ist in seinem Handeln frei und wird nicht gezwungen. Das menschliche Verhalten folgt seiner eigenen Vernunft. Der Mensch kann durch freie Entscheidung zu Gott gelangen. Das war Stoff für den Philosophen Friedrich Nitzsche in seinem Buch „Also sprach Zarathustra".
Das Thema hat auch die religiöse Vorstellung der deportierten Judäer beeinflusst.
Der literarische Niederschlag findet sich im Buch Hiob.
Im Land Uz lebte einmal ein Mann namens Hiob. Er war ein Vorbild an Rechtschaffenheit, nahm Gott ernst und hielt sich von allem Bösen fern. Seine Frau hatte ihm sieben Söhne und drei Töchter geboren und er besaß sehr viel Vieh: 7000 Schafe und Ziegen, 3000 Kamele, 1000 Rinder und 500 Esel. Dazu hatte er auch viele Knechte und Mägde. An Wohlstand und Ansehen übertraf Hiob alle Männer des Steppenlandes im Osten. Seine Söhne hatten die Gewohnheit, reihum in ihren Häusern Festessen zu veranstalten, an denen alle Brüder teilnahmen. Auch ihre drei Schwestern luden sie dazu ein und alle aßen und tranken miteinander.
Zwischen dem Teufel und Gott wird ausgehandelt:
Eines Tages kamen die Gottessöhne zur himmlischen

Ratsversammlung und jeder stellte sich an seinen Platz vor dem Herrn. Unter ihnen war auch der Satan... Der Herr fragte ihn: »Hast du auch meinen Diener Hiob gesehen? So wie ihn gibt es sonst keinen auf der Erde. Er ist ein Vorbild an Rechtschaffenheit, nimmt Gott ernst und hält sich von allem Bösen fern.«

Der Satan entgegnete: »Würde er dir gehorchen, wenn es sich für ihn nicht lohnte? Du hast ihn und seine Familie und seinen ganzen Besitz vor jedem Schaden bewahrt. Du lässt alles gelingen, was er unternimmt, und sein Vieh füllt das ganze Land. Taste doch einmal seinen Besitz an! Wetten, dass er dich dann öffentlich verflucht?«

Da sagte der Herr zum Satan: »Gut! Alles, was er besitzt, gebe ich in deine Gewalt. Aber ihn selbst darfst du nicht antasten!« Danach verließ der Satan die Ratsversammlung. [26]

Dann treffen die sprichwörtlichen Hiobsbotschaften ein. Ein Bote nach dem andern meldet, Beduinen haben das Vieh geraubt, der Blitz hat die Ziegen getötet, Nomaden haben uns überfallen, die Knechte getötet und die Kamele geraubt. Schließlich wurde gemeldet, ein Sturm aus der Wüste hat das Haus zerstört, in dem alle deine Kinder waren. Sie sind tot.

Wie reagierte Hiob?

„Nackt kam ich aus dem Schoß der Mutter, nackt geh ich wieder von hier fort. Der Herr hat gegeben und der Herr hat genommen. Ich will ihn preisen, was immer er tut!"

---

26 Buch Hiob 1, 1-12

Trotz allem, was geschehen war, versündigt sich Hiob nicht. Er macht Gott keinen Vorwurf.
Der Satan zieht die Daumenschraube weiter an. Auf der nächsten himmlischen Ratsversammlung sagt der Satan zu Gott: *Ein Mensch ist bereit, seinen ganzen Besitz aufzugeben, wenn er dafür seine Haut retten kann. Aber taste doch einmal ihn selber an! Wetten, dass er dich dann öffentlich verflucht?«Da sagte der Herr zum Satan: »Gut! Ich gebe ihn in deine Gewalt. Aber sein Leben darfst du nicht antasten!« Der Satan ging aus der Ratsversammlung hinaus und ließ an Hiobs Körper eiternde Geschwüre ausbrechen; von Kopf bis Fuß war er damit bedeckt. Hiob setzte sich mitten in einen Aschenhaufen und kratzte mit einer Scherbe an seinen Geschwüren herum. Seine Frau sagte zu ihm: »Willst du Gott jetzt immer noch die Treue halten? Verfluche ihn doch und stirb!« Aber Hiob antwortete: »Du redest ohne Verstand wie eine, die Gott nicht ernst nimmt! Wenn Gott uns Gutes schickt, nehmen wir es gerne an. Warum sollen wir dann nicht auch das Böse aus seiner Hand annehmen?«*
Trotz aller Schmerzen versündigte Hiob sich nicht. Er sagte kein Wort gegen Gott.
Am Ende wechselt Hiob nicht die Seite, sondern hält zu Gott. Das wird im Fortgang der Erzählung belohnt.
Der Herr segnete Hiob während der nun folgenden Zeit seines Lebens noch mehr als vorher. Hiob besaß schließlich 14000 Schafe und Ziegen, 6000 Kamele, 2000 Rinder und 1000 Esel. Er bekam noch sieben Söhne und drei Töchter...

Hiob lebte nach seiner Erprobung noch 140 Jahre, sodass er noch seine Enkel und Urenkel sah. Er starb in hohem Alter, gesättigt von einem langen und erfüllten Leben.

Nach dem Glauben des Zoroastrismus rivalisieren das Gute und das Böse um Anhänger.
Der Teufel meint, er könne Hiob von der Treue zu Gott abbringen. Gott lässt es auf einen Versuch ankommen. Die Geschichte endet mit einem Happy-end für seinen Schützling. Gott belohnt die Treue eines Hiob. Die Glaubensaussage ist eindeutig: Wer an Gott festhält, wird am Ende belohnt.
Im Alten Testament spielt der Satan nur eine ganz untergeordnete Rolle. Die Abrahamitische Religion räumt ihm wenig Platz ein.
Das ändert sich im Christentum, wie auch im Judentum. Das letzte Buch des Neuen Testaments agiert in der Engel-Teufel-Welt. In der apokryphen Literatur ist das 'Buch der Weisheit' ein Beleg für diesen Dualismus. Das Buch hat aber keinen Eingang in die Bibel gefunden.

Im Islam heißt der Teufel Iblis und bewacht den Eingang zum Paradies. Den gefallenen Engel, also das Böse, vor das Paradies zu postieren, ist wohl inhaltlich richtiger, als die abrahamitischen Keruben-Engel dorthin zu stellen.

Politische Wende in Babylonien

Der Perserkönig Kyros (558 – 530 v. Chr.) besiegte im Jahr 539 v. Chr. das Babylonische Reich. Er pflegte einen völlig anderen Stil des Regierens. Die Politik gegenüber den unterworfenen Völkern war eine diametral entgegengesetzte, als zu Zeiten der Militärmacht Babylon. Kyros band seine Vasallen an sich, indem er ihnen ihre kulturellen und religiösen Eigenheiten weitgehend beließ. Das führte de facto zu einer größeren Stabilität dieses neuen Weltreichs.
Diese neue weltpolitische Konstellation brachte Hoffnung auf eine etwaige Heimkehr für die vor zwei Generationen deportierten Judäer. Sie sollte sich erfüllen.

-->Ausgerechnet in der Gefangenschaft in Babylon bildet sich die Abrahamitische Religion heraus.
Gott hat Abraham zu seinem Bündnispartner erklärt. Das Ziel ist Jerusalem, das Land der Väter mit dem Ziel, einen Staat zur Anbetung dieses Gottes zu gründen. In dem Land, aus dem die Vorfahren verschleppt worden sind, will man nach dem Willen Gottes leben, das Wort Gottes befolgen.
Dieser Zeitabschnitt, der frühestens 520 v. Chr. beginnt, richtiger wohl erst mit der Ankunft Esras in Jerusalem im Jahr 448 v. Chr.
Auf den ersten Blick betrachtet ist es verwunderlich, dass es in der Religionsgeschichte kein Fachwort für diese

Religionsepoche gibt. Bei näherer Betrachtung ist dieses der Tatsache anzulasten, dass sowohl Christentum als auch Judentum diese Epoche als ihre frühe Geschichte betrachten, und nicht als Vorgängerreligion.
Man sollte jedoch terminologisch beachten, dass die Zeit von 521 v. Chr. (bzw. 448 v. Chr. dem Staatsbeginn unter Esra) bis zur Zerstörung des Tempels 70 n. Chr. einen eigenständigen Abschnitt in der Religionsgeschichte bildet. Welche Bezeichnung kommt dafür in Frage?

Bezeichnung der neuen Religion

Folgende Bezeichnungen kommen dafür nicht in Frage:

- **Frühes Judentum**. Das würde verkennen, dass das Christentum diese Zeit ebenfalls als seine frühe Geschichte beansprucht. Zudem kann man erst seit der Institution Synagoge und dem rabbinischen Judentum nach dem Jahr 70 von der jüdischen Religion sprechen.
- **Religion Jehudas**. Im persischen Großreich und der Zeit danach danach war 'Jehuda' die Bezeichnung für die persische Provinz Juda.
- **Mosaische Religion**. Diese Bezeichnung wurde in der alttestamentlichen Wissenschaft im 19. Jahrhundert gern gebraucht. Dabei wird übersehen, dass Abraham der Partner Gottes ist und nicht Mose.

- **Religion Judas** Dieser Ausdruck differenziert nicht zwischen der Vielgötterei im Staat Juda vor 597 v. Chr. und dem strengen Monotheismus nach 525 v. Chr. In Jehuda.
- **Religion Abrahams** geht zum einen nicht, weil sich der Islam als die 'Religion Abrahams' bezeichnet. Zudem ist Abraham nicht der Stifter einer Religion gewesen. Die Abrahamitische Religion ist von Menschen begründet worden, die weitgehend anonym geblieben sind. Es erscheint am sinnvollsten, den Namen Abrahams in der Charakterisierung dieser Religion terminologisch beizubehalten. Von den biblischen Persönlichkeiten wie Ezechiel, Esra, Nehemia wissen wir, dass sie maßgeblich beteiligt waren. Außer ihnen hat es sich um führende Männer des Priesterstandes gehandelt.
- **Religion Israels** ist mehrdeutig. Zum einen ist das eine Bezeichnung für den mythischen Verbund von zwölf Stämmen, den die Bibel als das 'Volk Israel' bezeichnet. Doch auch der Nordstaat (neben dem Staat Juda im Süden) trägt in der Bibel den Namen Israel.
Seit es ab 1948 wieder einen Staat Israel gibt, wäre eine Bezeichnung 'Religion Israels' sehr unpräzise.
- **Jahwe-allein-Bewegung** ist ein inhaltlicher Ausdruck der gegenwärtigen alttestamentlichen

Bibelwissenschaft. Doch für den besagten religionsgeschichtlichen Abschnitt ist der Ausdruck zu allgemein.
- **Abrahamisch** wird von der Evangelischen Zentralstelle für Weltanschauungsfragen, sowie einem interkultureller Rat in Deutschland e.V. gebraucht. Die Endung -hamisch -hemisch passt wenig zu einer semitischen Wurzel. Hier drückt -iten ein Menschengruppe aus wie Semiten als Nachfahren von Sem, oder Hamiten von Ham.

Abschließend ist festzustellen, dass diese Epoche der Religionsgeschichte sachgerecht nur als „**Abrahamitische Religion**" zu bezeichnen ist.

Der Glaube der Abrahamitischen Religion

Symbolfigur der neuen Religion ist Abraham, ein Nomade aus dem babylonischen Ur (im heutigen Irak). Die Berichte finden sich in den fünf Büchern Mose/ Tora. Diesem Abraham ist Gott erschienen. Er fordert ihn auf, seine Heimat zu verlassen und in das Land Kanaan zu ziehen.
Gott verspricht Abraham, dass seine Nachkommen ein großes und mächtiges Volk bilden werden.
Im Gegenzug darf Abraham nur diesen einen Gott anbeten und keine anderen Götter anerkennen.
Der Pakt (die Bibel nennt es 'Bund') gilt.

Die Symbolfigur Abraham

Abraham begegnet uns in der Bibel als ein Wanderer aus Mesopotamien nach Kanaan. Derartige wandernde Aramäer, die mit ihrer Familie und ihrer Herde auf der Suche nach Weideplätzen unterwegs waren, gab es unzählige. Deren Prototyp ist im Alten Testament Abraham.

Die drei großen Religionen Judentum, Christentum und Islam begründen mit diesem biblischen „Urvater" ihre Religionsgeschichte.

Es fällt in diesem Bericht auf, dass das Alte Testament keine Angaben macht, welcher Zeit dieser Abraham zuzuordnen ist. Es fehlt die übliche Zeitangabe für Lebensdaten, wie etwa 'es geschah im Jahr x unter der Regierung des Königs y im Land z'.

Das Fehlen zeitlicher Zuordnung charakterisiert Abraham als eine Symbolfigur und nicht als eine historische Person.

Zeitliche Zuordnung

Die priesterliche Redaktionsarbeit hat ihn in graue Vorzeit verlegt. Bewusst ohne Zeitangabe soll der Eindruck entstehen, das Volk Gottes hat recht bald nach der Erschaffung des Menschen mit diesem Abraham angefangen.

Ein geschichtlich Fehlgeleiteter wird nach einer Jahreszahl in der Echtzeitgeschichte suchen, und

Abraham möglichst früh in das zweite Jahrtausend datieren. Und so rechnet er:
Mose wird auf 1200 v. Chr. datiert, weitere 400 Jahre Aufenthalt in Ägypten plus Zeit der Urväter hinzu addiert, dann kommt man auf eine Jahreszahl 1800 v. Chr.
Übrigens folgt diesem Prinzip der Addition biblischer Zeitangaben auch der jüdische Kalender. Der Anfang der Welt mit der Erschaffung des Menschen fällt in das Jahr 3761 v. Chr.
Das Jahr 2017 christlicher Zeitrechnung beispielsweise entspricht dem Jahr 5777 in der jüdischen Jahreszählung.

Geografische Zuordnung

Welche geografische Einbindung Abrahams bietet die Bibel? Die enge Verbindung zwischen den Ländern Juda und Mesopotamien fällt auf. Der Urahn des Volkes Gottes, Abraham, sucht für seinen Sohn Isaak eine Frau. Er beauftragt mit der Brautschau seinen Verwalter, und nimmt ihm den heiligen Schwur ab:[27] „Schwöre mir! Versprich mir beim Herrn, dem Gott des Himmels und der Erde, dass du für meinen Sohn Isaak keine Frau auswählst, die hier aus dem Land Kanaan stammt. Gib mir dein Wort, dass du in meine Heimat gehst und ihm eine Frau aus meiner Verwandtschaft suchst." Der Brautwerber zieht nach Mesopotamien und findet

---

27 Genesis/ 1.Mose 24, 3-4

Rebekka, die bereit ist, mit nach Juda zu ziehen. Sie wird die Frau Isaaks und bekommt Zwillinge, Esau und Jakob. Das ist insofern praktisch, als dann in der nächsten Generation Esau den landwirtschaftlichen Betrieb des Vater Isaak in Juda fortführen kann, während sein Bruder wiederum nach Mesopotamien zieht, um sich dort eine Braut zu suchen. Durch einen Hochzeitstrick werden ihm gleich zwei Ehefrauen angetraut. Es wird berichtet:[28] „Laban hatte zwei Töchter, die ältere hieß Lea, die jüngere Rahel. Lea hatte glanzlose Augen, Rahel aber war ausnehmend schön. Jakob liebte Rahel und so sagte er: Gib mir Rahel, deine jüngere Tochter, zur Frau! Ich will dafür sieben Jahre bei dir arbeiten." Nach Ablauf der sieben Arbeitsjahre wendet der Schwiegervater einen Trick an. In der Hochzeitsnacht legt er die ältere Tochter Lea ins Ehebett, und Jakob vollzieht mit ihr die Ehe. Der Schwindel flog auf und hatte zur Folge, das der willige Jakob noch einmal sieben Jahre für die andere Tochter bei seinem Schwiegervater arbeitete. Schlafen durfte Jakob nun mit beiden Frauen.

Abraham – Vorbild der Einwanderer

Ein Erlass des Perserkönigs Kyros erlaubte den deportierten Judäern die Übersiedlung nach Kanaan. Doch nicht jeder wollte in das zerstörte, ‚gelobte' und unbekannte Land der Vorfahren auswandern. Die

---
28 Genesis 29, 16 -18

Familie Abraham ist das Vorbild schlechthin. In diesem Sinne wäre ein „Werbeplakat" um das Jahr 500 v. Chr. denkbar: Folgt dem Beispiel der Großfamilie Abraham, die mit Geld und Kindern nach Juda gezogen ist! Es wird den in Mesopotamien lebenden Judäern der Umzug nach Jerusalem nahegelegt.

Durch eine literarische Anordnung in den Mose-Büchern - als Frühzeit im zweiten Jahrtausend - bekommt diese Wanderung aus Mesopotamien nach Kanaan alte Patina. Die Familiengeschichte Abrahams bekommt Gottes Siegel aufgedrückt. Gott selbst ändert den Namen von Abrahams Sohn. Du sollst „Israel" heißen.[29]

Die Einheit Israels wird als unumstößlicher Akt einer Namensgebung behauptet, gerade weil es sie nicht gab. Außerdem beansprucht das Volk Gottes ein Land, das von Gott gegeben ist, weil es bis dato keines hatte. Entkleidet man die Abrahamsgeschichte seiner mythischen Patina, so zeichnet sich ab, dass es um Frühgeschichte des Gottesstaates in Jerusalem geht.

In der Realität hatte das neue Gemeinwesen im zerstörten Jerusalem nach 520 v. Chr. ohne Geld und Leute aus Mesopotamien nicht existieren können.

Die nächste Generation, Jakob, zieht ebenfalls von Babylon nach Jehuda. Jerusalem ist auf die Entwicklungshilfe finanzieller und logistischer Art aus Mesopotamien angewiesen.

---

29 Genesis/1. Mose 32,29

Man darf die Situation mit der des 1947 neu gegründeten Staates Israel vergleichen, der auf die finanzielle Hilfe aus den USA angewiesen war.

Abraham und die Archäologie

Die Symbolfigur eines Abraham entzieht sich dem Spaten der Archäologen. In der Stadt Hebron, südlich von Jerusalem, kann der heutige Tourist einen Gebäudekomplex besuchen, der als das Grab Abrahams und seiner Familie verehrt wird.
Herodes der Große hat es als Denkmal um die Zeitenwende herum gebaut. Bisher sind an dieser geheiligten Stätte noch keine archäologischen Untersuchungen möglich gewesen.
Hebron zu untersuchen, um Wahrheit und Legende zu trennen, riskiert eine Desillusionierung. Um keine religiösen Gefühle zu verletzen, wird sie unterlassen. Die theologische Aussage der Abrahamsgeschichten ist eine literarische Darstellung aus der Zeit des Exils. Für ihre Legitimierung kann die Archäologie nicht helfen.

Die literarische Komposition Mose

Eckart Otto führt in seinem Buch[30] aus, dass es heute Stand der Forschung ist, dass die Zehn Gebote während der Exilszeit in Babylon zusammengestellt wurden. Vor

---
30 Eckart Otto, Mose. Geschichte und Legende, Beck 2006

586 habe es ein sogenanntes Ur-Deuteronomium gegeben, das noch keine Verbindung zu Mose kannte. Die im Exil entstandenen Fünf Bücher Mose wurden als „Verfassungsentwurf für das neue Israel nach dem Exil"[31] Mose in den Mund gelegt.

Die Väter des Gottesstaates brauchten Gesetze für das Zusammenleben. So etwas war seit Hammurapi Alltag in Babylon. Die Gesetze waren in Stein gemeißelt, und für Jedermann zugänglich, sofern er lesen konnte. Die Gesetzesstele des Hammurapi ist erhalten und befindet sich heute im Louvre in Paris.

In der Abrahamitischen Religion sind die Zehn Gebote der Kern des Rechts, um den die Priester weitere Gesetze und Bestimmungen festgelegt haben.

Der harte Kern wird als von Gott gegeben bezeichnet. Mose hat sie persönlich von Gott auf dem Berg Sinai überreicht bekommen.

In der biblischen Darstellung sind allerdings ein paar Ungereimtheiten zu finden.

Die Tafeln der Zehn Gebote

Das Altes Testament/der Tanach kennt für den Wortlaut **drei verschiedene Fassungen**.

    [Version A]   2.Mose 20, 1-17
    [Version B]   2.Mose 34,14-26
    [Version C]   5.Mose 5,5-22

---

31 a.a.O. S.71

Die beiden Versionen im 2. Buch Mose

Mose stieg auf den Berg Sinai und bekam von Gott zehn Gebote in Form von zwei Steintafeln ausgehändigt. Gott hatte diese selbst geschrieben, wie ausdrücklich vermerkt wird.[32]

Im Fortgang der Geschichte hat Mose diese Tafeln zerschmettert.[Version A] Anlass für seinen Wutausbruch war die Anfertigung eines Götzenbildes am Fuß des Berges.

Das Dilemma war passiert. Die Tafeln waren zerstört. Das Gesetz Gottes lag in Scherben am Boden. Nun mussten neue Tafeln her.

Jahwe befiehlt Moses: „Hau dir zwei neue Tafeln zurecht, so wie die ersten. Ich werde darauf schreiben." Moses befolgt den Befehl und steigt am nächsten Tag mit unbeschriebenen Steinplatten auf den Berg.

Überraschender Weise muss nun Moses tätig werden. Er muss selbst schreiben, den Stein ritzen. Das dauert. Vierzig Tage lang hat er zu tun.

Man beachte: Moses ist derjenige, der das Duplikat der Tafeln schreibt. [Version B]

Der Wortlauf ist ein anderer als in der Erstfassung.

Die dritte Überlieferung [Version C] im 5. Buch Mose, Deuteronomium,(„Zweites Gesetz") berichtet ebenfalls über eine von Gott ausgehändigte Fassung. Auch die

---

32 2.Mose 31,18 sowie 32,16

geht zu Bruch. Doch danach übergibt Gott selbst an Mose ein Duplikat mit dem Wortlaut der Erstfassung.
Im Deuteronomium gibt es keinen von der Erstfassung abweichenden Text.

Das Beachten der Details zeigt, dass die biblische Überlieferung nicht eindeutig ist.

Akribisch lässt sich die Frage nicht beantworten, wie war der Wortlaut der Zehn Gebote, die in Stein gemeißelt waren? Und wer hat den Text auf dem Berg Sinai in Stein gemeißelt?
Die Antwort kompliziert sich noch weiter, wenn man ergründen will, in welcher Sprache wurde eigentlich geschrieben und gemeißelt?

Ein unlösbares Dilemma: In welcher Sprache kann der Text abgefasst gewesen sein?
Mose war am Hof des ägyptischen Pharao aufgewachsen. Beherrschte er die ägyptische Bildersprache, die wir aus vielen Überlieferungen kennen? Hat er auf dem Sinai ägyptisch geschrieben? Oder in Keilschrift?
Das Hebräisch mit seinen quadratischen Buchstaben wurde auf Papyrus geschrieben und ist für eine Arbeit in Stein ungeeignet.
So sieht das hebräische Schriftbild aus:
כי לא תשתחוה לאל אחר כי יהוה
Hebräisch wird von rechts nach links geschrieben.

Der Text lautet in der Übersetzung
„ihr dürft keinen andern Gott anbeten, ich bin Jahwe"[33]
Für Tontafeln wurde die Keilschrift benutzt. Davon gibt es zahlreiche Zeugnisse, denn die assyrische Keilschrift war die Schriftsprache im antiken Mesopotamien. Kann Mose die Steintafeln auf dem Sinai in Keilschrift gemeißelt haben?

Die islamische Überlieferung lässt keine Diskussion über die Sprache zu. Gott hat den Koran in arabischer Sprache vom Himmel herunter gereicht. Doch in Arabisch konnte Mose nicht geschrieben haben. Die Sprache war noch nicht als Schriftsprache vorhanden.

Betrachtet man diesen Dekalog als Ganzes, so zeigt sich, dass er in Grundzügen gesellschaftliches Leben regeln will. Das ist keine Wüstenlektüre, sondern der Kontext markiert eine staatliche Ordnung.
Diese Beobachtung wirft die Frage nach der Entstehung auf: Zu welchem Zeitpunkt gab es eine solche Ordnung, und für welchen Staat?
Die Antwort ist eindeutig. Die Zehn Gebote gehören zum Kern der Gesetze, die im neuen Staat des Priestertums in Jerusalem gelten sollen. Esra reist im Jahr 458 v. Chr. im königlichen Auftrag aus Mesopotamien nach Jerusalem. Im Jahr 445 v. Chr. folgt Nehemia. Er ist zum Statthalter

---

33 2.Mose 34,14 JAHWE steht ganz links als letztes Wort

der persischen Provinz Jehuda ernannt worden. Esra brachte im Gepäck eine Gesetzesrolle mit. Diese wurde in Jerusalem täglich verlesen. Diese Gesetze regeln den Alltag im neuen Priesterstaat Jerusalem.

Das Wanderheiligtum

Noch einmal zurück auf den Sinai. Wie ging die Geschichte der in Stein gemeißelten Gesetze weiter? Laut Bibel wurden die beiden Gesetzestafeln in einem Kasten untergebracht. An diesem konnten Stangen zum Tragen befestigt werden. Man sprach von der „Lade". Zelt und Lade wurden auf die Schultern 'geladen', denn das Gottesvolk um Mose war noch auf der Wanderung nach Kanaan.
Auf der Lade sollen sich zwei Kerubenfiguren (Engel) aus Gold befunden haben. Auch die Zeltbahnen waren mit Engelsbildern bestickt, so heißt es.
Dieses Zelt war das Heiligtum des Gottesvolkes.
Doch passen die Keruben-Engel überhaupt zu der Figur eines Mose? Die Judäer traten erstmals in ihrem Exil in Babylon mit den mesopotamischen Keruben in Kontakt. Das war im sechsten Jahrhundert. Vor dieser Zeit kannte man in der Glaubensvorstellung der Judäer keine Engel. Nach biblischer Chronologie hat ein Mose im 13. Jahrhundert v. Chr. gelebt.

Die Reise der Lade führt vom Sinai nach Jerusalem.

Laut Bibel wird im Tempel des König Salomo die Lade mit den beiden Steintafeln der Zehn Gebote in das Allerheiligste gestellt. Über ihr thronten zwei fünf Meter hohe, vergoldete Engel. Nicht nur die Höhe ist Phantasie. Die Zusammenstellung ist Anachronismus. Das heutige Modewort dafür lautet 'postfaktisch'. Zur Zeit eines Salomo (965-926) waren Kerubenbilder noch unbekannt. Die Verschleppung der Judäer ins babylonische Exil fand erst mehrere Jahrhunderte später statt. Wie ist mit solchem Anachronismus, also Ungereimtheit des geschichtlichen Ablaufs, umzugehen?

Dennoch sollte man nicht von „Geschichtsfälschung" im heutigen Sinne sprechen. Bei der Abfassung der Geschichte des Gottesvolkes werden die späteren Engel in die frühere Geschichte hinein projiziert. Die Erzählungen der Vorfahren werden literarisch neu komponiert, Redaktionsarbeit in Babylon und später in Fortsetzung in Jerusalem.

Es ist ein Werdegang der Abrahamitischen Religion, ein literarischer Prozess der Bibel über längere Zeit. Literarisches Komponieren betrifft nicht nur die Mosegeschichten. Auch der Paradies-Garten bekommt mit dem letzten Vers der Erzählung einen Anhang. Adam und Eva können nach ihrer Vertreibung aus dem Paradies nicht mehr in diesen Garten zurückkommen. „Den Eingang des Gartens ließ Gott durch die Keruben

und das flammende Schwert bewachen."[34] Damit werden die Engel zeitlos gemacht, damit sie in frühester Zeit tätig werden können.
Redaktionsarbeit hat die Wissenschaft des Alten Testaments an vielen Stellen gefunden.

Mose wird vergessen

Sucht man in der Bibel etwas über den weiteren Weg der Steintafeln des Mose, so stößt man seltsamer Weise ins Leere. Die Mosaischen Steintafeln wurden von den Schreibern der biblischen Geschichte einfach vergessen. Wie seltsam! Seit der Zerstörung Jerusalems und des Tempels im Jahr 587 v. Chr. spielten die beiden Tafeln in der Bibel keine Rolle mehr.
War ihre Geschichte zu Bruch gegangen, wie die zuerst beschriebenen Tafeln auf dem Sinai?
Die Steintafeln vom Sinai blieben Jahrhunderte lang ohne Erwähnung. Das verwundert doch sehr. Die Schriften des Neuen Testaments interessieren sich auch nicht für die Gesetzestafeln des Mose. Die Zehn Gebote werden als solche im Neuen Testament nicht einmal erwähnt.
Die frühe katholische Kirche interessierte sich ebenso wenig dafür. Sie waren kein Thema der Theologie.
Erst die Reformatoren entdeckten die Zehn Gebote wieder. Martin Luther nahm sie als Glaubensfundament in seinen Katechismus auf. Auch im Katechismus der

---

34 Genesis/1.Mose 3,24

Papstkirche stehen die Zehn Gebote.
In beiden Kirchen handelt es sich um eine Harmonisierung der Versionen A und C. (siehe oben) Die Version B wird in der Theologie als „kultischer Dekalog" eingestuft und bleibt für den Glauben außer Betracht.
Welcher Text auf den Steintafeln im Tempel gestanden haben könnte, wird in keinem der beiden Katechismen kritisch erörtert.
So bleibt die Frage ungeklärt: Gab es die beiden Steintafeln überhaupt? Könnten Archäologen Scherben der ersten Tafeln finden, die Mose zerschlagen hat?
Wo ist die Lösung?

Mose als Metapher

Nicht nur die Verbindung der Engel mit Mose ist eine Zusammenschau, Übertragung, Umdeutung, Metapher. Das gilt für die Mose-Erzählung insgesamt. Die Zehn Gebote sind so etwas wie die Urzelle sozialen Verhaltens. Von einem historischen Kern ist auszugehen. Es gab eine Gruppe von Menschen außerhalb eines staatlich regulierten Systems z.B. in der Wüste Sinai, durchaus als ehemalige Sklaven oder Wanderarbeiter in Ägypten. Deren Zusammenleben hat funktioniert. Sie haben sich an so einfache Regeln gehalten, wie man sie an zehn Fingern abzählen kann. Die 10 Gebote sind die Urzelle sozialen Verhaltens. Die Chiffre „von Gott gegeben"

markiert diese Regeln als eminent wichtig. Ohne dieses Minimum gelingt kein Zusammenleben.
Diese Erfahrung hat ein Haufen Entwurzelter und Gestrandeter gemacht, vielleicht etliche dem Sklavendienst in Ägypten entflohen. Wo immer diese Menschen im Orient gelebt haben – zehn Gebote waren ihnen heilig. Mose war ihr Anführer, Gott ihr Garant.

Wenn die orientalische Fabulierfreude daraus eine Völkerwanderung der Kinder Israel von Ägypten nach Kanaan gemacht, tut das dem Kern der Aussage keinen Abbruch. Die Verfasser der Mose-Bücher nehmen die soziale Erfahrung einer kleinen Gruppe auf. Sie fügen sie ein, Metapher. Sie fügen sie ein in ihre umfangreiche gesetzliche Regelung für das Zusammenleben in einem Gottesstaat in Jerusalem.
Das Gesetzbuch des Mose ist ein Element der Abrahamitischen Religion.

Das Tempel-Heiligtum

Was wäre eine Religion ohne ihr Heiligtum? Für die Abrahamitische Religion ist es der Tempel in Jerusalem. König Salomo hat auf ihn auf dem Berg Zion in Jerusalem gebaut. Er war 30 Meter lang, 10 Meter breit und 15 Meter hoch, so steht es im ersten Buch der Könige. Die Bauzeit betrug sieben Jahre. Die Zahl der Arbeiter versetzt in Staunen: 80.000 Steinbrecher waren in Judas Bergen tätig sowie 70.000 Lastträger für den Transport; dafür wurden 3.300 Aufseher gebraucht.[35] Das ist viel orientalische Fabulierkunst, wenn man dem israelischen Archäologen Finkelstein glaubt, der die gesamte Einwohnerzahl von Juda in dieser Zeit auf gerade mal 10.000 Menschen schätzt.

Es kann angenommen werden, dass auf dem Platz vorher ein Heiligtum der Jebusiter gestanden hat. Salomos Vater, König David, hatte die Stadt kurz vorher erobert. Das Aussehen des bald danach gebauten Tempels wird zwar in Details beschrieben, doch ist hinsichtlich Historizität Zurückhaltung geboten, wie auch bei der Person des König Salomo selbst.
Bis heute vermag niemand genau zu sagen, wo der Tempel gestanden hat. Extreme Juden träumen von einer Wiedererrichtung des Tempels. Das ist ein äußerst gefährlicher Gedanke. Eine bauliche Veränderung würde das Heiligtum des Islam, den Felsendom und die Al-Aksa-Moschee zerstören. Ein Krieg zwischen Israel und den islamischen Ländern wäre die unweigerliche Folge. Jerusalem ist bis heute einer der gefährlichsten Orte auf der Welt.

Der legendäre Salomo

Salomo wird wegen dieses Tempelbaus in der Bibel

---

[35] 1. Könige 5, 27-30

glorifiziert. Dass er einen Bruder ermordet hat, um auf den Thron zu kommen, hat seinem Nimbus keinen Abbruch getan. In die Geschichte ging er als kluger Landesvater ein. Von ihm stammt ein weiser Urteils-Spruch im Streit zweier Mütter um ein Kind. Jede von ihnen behauptet, es sei ihr eigenes Kind. Salomo setzt auf gerechte Aufteilung, hebt das Schwert, um das Kind in zwei Hälften zu teilen. Entsetzt verzichtet eine der Frauen. Daran erkannte Salomo die wahre Mutter.

Der Überlieferung nach wird Salomo auch als Sänger und Dichter verehrt. Drei Bücher des Tanach sind mit seinem Namen verbunden, die Sprüche, der Prediger und das Hohelied Salomos. Allerdings besaß Juda im zehnten Jahrhundert noch keine Schriftkultur. Die Lieder und Psalmen müssen im Gedächtnis geblieben und erst im babylonischen Exil aufgeschrieben worden sein. Das ist immerhin denkbar. Zu einigen wenigen originalen sind gewiss weitere Sprüche auf Salomos Namen hinzugedichtet worden. Vorausgesetzt ein Salomo hat überhaupt gelebt.
Vielleicht gab es ihn und er war längst vergessen. Die Schriftsteller der Abrahamitischen Religion putzen ihn gewaltig heraus.
Er hat nichts mit Babylon zu tun, sondern ist eine Überlieferung der Judäer. Salomo ist sozusagen Jerusalemer Urgestein. Bisher wenig beachtet wird er

jetzt aus der Vergessenheit geholt, mit Heiligenschein umgeben und sein Leben mit Glanz angereichert.[36]
Er regiert in einem prächtigen Königshof. Vergoldete Waffen schmücken die große Halle seines Palastes. Zweihundert Schilde, mit Gold überzogen, hängen an den Wänden.
Salomo verdient in einem Jahr 666 Zentner Gold und übertrifft 'alle anderen Könige der Erde an Reichtum und Klugheit'.
Obwohl es während seiner Regierungszeit keinen Krieg gibt, leistet sich Salomo eine große Streitmacht, das Statussymbol aller großen Herrscher der Welt. Genannt werden 1.400 Streitwagen mit 4.000 Pferden und 12.000 Wagenkämpfer. Zur Erinnerung: das Land hatte 10.000 Einwohner.
In der Umgebung von Symbolen der Gewalt darf der Sex nicht fehlen. Was wäre ein König ohne den Reichtum an Frauen? Die überschwängliche Liebe zu den Frauen drückt die Bibel in Zahlen aus: Salomo hat 700 Ehefrauen und 300 Nebenfrauen. Besonders liebt er ausländische Frauen. „König Salomo hat außer einer ägyptischen Prinzessin noch viele andere ausländische Frauen aus den Völkern der Moabiter, Ammoniter, Edomiter, Phönizier und Hethiter."
Und dann gab es noch die Affäre mit der legendären Königin von Saba. Man hat seit frühster Zeit gerätselt,

---

36 Biblische Quelle 2.Chronik ab Kapitel 9 und 1.Könige ab Kap.5

aus welchem Land diese Dame stammen mag, die mit großem Gefolge an den Hof nach Jerusalem gereist kam? Das Dumme daran ist, dass früheste Königinnen im arabischen Raum erst ab dem 6. Jahrhundert zu finden sind. Sei es drum.
Jedenfalls konnte sich die Sabäerin überzeugen,dass es nicht übertrieben war, was sie im fernen Land über den Luxus in Jerusalem gehört hatte.
An Reichtum kann sie mithalten. Sie schenkt Salomo 85 Zentner Gold, viele Edelsteine und so kostbares Öl, wie es nie wieder nach Jerusalem gelangt war.
Und Salomo seinerseits erfüllt der fremden Königin jeden Wunsch.
Warum dieser Lobpreis auf Salomo?
Salomos größte Tat war der Bau des Tempels. Und der konnte sich sehen lassen. Vorher gab es nichts Vergleichbares in Jerusalem.

Die Absicht des Erzählers ist leicht zu durchschauen. Man braucht eine historische Legitimation. Diese legendäre Vorgeschichte begründet das Ziel, den Neubau des Tempels in Jerusalem. Dieser soll das Zentrum der Abrahamitischen Religion sein. Von hier aus wird der Oberpriester regieren.

Doch die Sache hat einen zeitgeschichtlichen Haken. Salomo baut einen Tempel für einen Gott, den es noch gar nicht gibt. Der kam erst mit den Rückkehrern aus

Babylon angereist, und erst die hatten die Engel im Gepäck. [37] Der Monotheismus ist eine Entscheidung der Abrahamitischen Religion erst aus dem 5.Jahrhundert. Ein historischer Salomo mag alle möglichen Götter Palästinas verehrt haben. Vielleicht hat er auch mehrfach mit dem Wechsel der Frau die Verehrung eines Gottes gewechselt. Für irgendeinen der Götter, die im zehnten Jahrhundert verehrt wurden, hat er in Jerusalem ein Heiligtum errichtet.

Diese Story wird nun durch die Abrahamitische Religion umgeschrieben, mit der Ehrwürdigkeit früherer Zeit ausgestattet. Damit wird Salomo zum größten König aller Zeiten gemacht. Ihm gebührt der Ruhm, er hat den Tempel in Jerusalem erbaut.

Das ägyptische Erbe

Wenn auch die Judäer während der Zeit des Exils in Babylon zur Schule gingen, so bewahrten sie doch das Erbe ihrer ägyptischen Traditionen bei der Niederschrift der biblischen Manuskripte.

Das Verhältnis Kanaans zu Ägypten war durch die geographische und die klimatische Lage geprägt. Zwischen den Nachbarländern fand ein ständiger Austausch statt. In Zeiten von Hungersnot und Dürre wanderten die Menschen aus Kanaan in den östlichen

---

37 „Engel im Gepäck. Spuren zum Alten Testament" hatte der Autor sein früheres Buch betitelt. Frankfurt 2008

Teil des Nildeltas, um sich Nahrung zu besorgen. Kanaan hat trockene Sommer, und es regnet nur im Winter. Die Landwirtschaft ist vom Klima abhängig. Ägypten ist nicht vom Klima abhängig, sondern bezieht sein Wasser aus dem Nil. Ägypten war das Zufluchtsland für die Bewohner Kanaans in Zeiten von Hungersnot und Krieg. Ägypten war für sie der „goldene Westen". Nomaden zogen freiwillig nach Ägypten, um dort Arbeit zu finden. Auch Sklaven wurden dorthin verkauft. Selbst Abraham musste unfreiwillig nach Ägypten reisen.

Abraham in Ägypten

Abraham hatte den weiten Weg aus Mesopotamien nach Jerusalem hinter sich gebracht. Doch wie dumm war der Zeitpunkt, in Palästina herrschte gerade Hungersnot. Die Menschen mussten sich Nahrung in Ägypten besorgen. Abraham hatte keine andere Wahl. Auch er musste den Weg gehen.
Seine Frau machte sich keine Sorgen, in eine weitere unbekannte Fremde zu ziehen. Sie vertraute ihrer weiblichen Ausstrahlung. Bisher hatte noch kein Mann ihrer Anziehungskraft widerstehen können, wenn sie es nur wollte.
Das wusste sie nun einzusetzen. Kontakte zum Königshof wurden geknüpft. Alles ging ganz schnell. Aus Angst um sein Leben hatte Abraham seine Ehefrau Sara als seine Schwester ausgegeben.

Sara wusste den Schleier zu handhaben wie keine Andere, so dass er mehr zeigte als verhüllte. In den Grundregeln der Kosmetik kannte sie sich aus. Der Tanz war ihre Leidenschaft. Sie hatte auf Anhieb Erfolg beim Pharao, dem mächtigen Herrscher Ägyptens.
Es schlossen sich die Türen der Verschwiegenheit. Sexuelle Details wurden damals noch nicht in Worten oder Bildern ausgebreitet. 'You tube' und Co. waren noch nicht erfunden. Die Effektivität des Geschehens konnte man am materiellen Lohn ablesen.
Und Sara war sehr erfolgreich!

Als königliche Gegenleistung verließ Sara die pharaonische Residenz mit ganzen Herden von Schafen, Ziegen, Rindern und Kamelen samt zugehörigen Hirten. Und für den Ehemann Abraham kam noch eine ägyptische Sklavin hinzu. Er konnte damals noch nicht ahnen, wozu die eines Tages noch gebraucht wird. Das ägyptische Abenteuer war ein wirtschaftlicher Erfolg. Mit Prostitution in ein neues Leben!
Gesättigt und zufrieden konnten Abraham und Sara Ägypten verlassen. Abraham kehrte in das ihm als heilig versprochene Land zurück. Über Nacht war er ein reicher Mann geworden – dank Sara. Das Geld reichte, in Kanaan etwas Grundbesitz zu erwerben.
Das Leben ging dahin. Abraham wurde alt und mit Nachkommen hatte es nicht geklappt. Wo sollen die zahl-

reichen Nachfahren herkommen, die Gott versprochen hat? Sara weiß Rat. Sie stimmt zu, dass ihr Mann mit seiner ägyptischen Magd Hagar schläft; und das war erfolgreich. Hagar bringt einen Sohn zur Welt.
Sie nennen ihn Ismael. Im Islam gilt dieser Sohn Abrahams mit der Magd Hagar als Urahn aller Moslems. Doch auch für Abrahams Frau Sara sollte sich das Blatt noch wenden. Eines Tages sind Engel im Haus zu Besuch. Abraham erkennt, dass es Gott selbst ist. Obwohl Sara zu diesem Zeitpunkt schon 90 Jahre alt ist, wird sie schwanger. Auch sie bringt einen Sohn zur Welt und nennt ihn Isaak.
Die Nachkommenschaft ist gesichert.

Joseph kommt nach Ägypten

Die biblische Generationenfolge lautet Abraham- Isaak- Jakob. Jakob hat zwölf Söhne, die zu den sogenannten 12 Stämmen Israels werden. Einer dieser zwölf Söhne Jakobs ist Joseph, der elfte und vom Vater bevorzugte. Das ruft Neid bei den Brüdern hervor. Sie verkaufen ihn - ohne Wissen des Vaters - als Sklave nach Ägypten.
Eine literarisch meisterhafte Ausgestaltung einer Reise nach Ägypten ist in der umfangreichen Josephs- Erzählung[38] überliefert. Sie stellt einen bevorzugten Stoff in der Kunst- und Literaturgeschichte dar. Man denke z.B. an den Roman von Thomas Mann „Joseph und seine

---

38 Genesis/ 1.Buch Mose Kapitel 37 – 50

Brüder". Am Anfang der biblischen Handlung ist der Neid der älteren Brüder gegenüber dem jüngsten und Lieblingssohn des Vaters Jakob das Motiv zum Verkauf des Joseph an Sklavenhändler. Diese bringen ihn nach Ägypten und verkaufen ihn weiter an einen königlichen Hofbeamten. Josephs Kunst der Traumdeutung lässt ihn Karriere machen. Einen Traum des Pharao deutet er als das Bevorstehen von jeweils sieben Jahren mit zunächst guten Ernten, danach sieben Missernten. Die richtige Erklärung bringt ihm den Posten eines ägyptischen „Wirtschaftsministers" ein. Er wird zum Stellvertreter des Pharao und hat Vollmacht über ganz Ägypten.[39] Hungersnot in Kanaan lässt Jahre später Josephs Brüder zum Getreideeinkauf nach Ägypten ziehen. Meisterhaft erzähltes Versteckspiel des ehemaligen Sklaven Joseph, schließlich die Aussöhnung mit den Brüdern und der Nachzug des Vaters Jakob bilden den lesenswerten Stoff dieser Geschichte.

Nach Josefs Ableben wurde sein Leichnam in Ägypten mumifiziert, doch hat er sich vor seinem Tod das Versprechen geben lassen, dass seine Gebeine später nach Kanaan überführt werden sollen.

Interessanter Hinweis zur Religion

Eine besondere Auszeichnung wird Joseph neben der Inthronisierung zum zweiten Mann im Staat zuteil. Der

---

39 Genesis/ 1.Mose 41,40-41

Pharao verheiratet Joseph mit der Tochter des Priesters Potifera vom Sonnenkult in On. Der Ort ist in der griechischen Bezeichnung als „Heliopolis" nahe Memphis bekannt. Hier wurde der ägyptische Sonnengott Re verehrt.[40] Hat sich in dieser Überlieferung vielleicht doch etwas erhalten, was einen Zusammenhang zwischen dem Monotheismus in Ägypten und der Abrahamitischen Religion zeigt? s.o. Freud's These zu Mose und dem Kult auf dem Sinai.

Die Wüstenwanderung aus Ägypten

Im Fortgang der biblischen Geschichte vermehren sich die Nachkommen der zwölf Söhne Jakobs in Ägypten sehr stark. Mose schließlich führt sie auf Gottes Befehl aus dem Pharaonenland weg. Der beschwerliche Weg durch die Wüste Sinai dauert vierzig Jahre. Das verheißene Land Kanaan erreicht die zum Volk angewachsene Menschenschar vom Süden her. Jericho[41] wird als erste Stadt im Heiligen Land eingenommen.

Die Wanderungsbewegung des Abraham indes kam aus einer anderen Richtung. Von Babylon aus führt der Weg über den fruchtbaren arabischen Halbmond, und man erreicht Kanaan vom Norden her.
Die Urväter der sogenannten zwölf Stämme Israels sind

---

40 Genesis 41, 43-46
41 Buch Josua Kap.6

von Geburt Babylonier[42], sie stammen nicht aus Ägypten. Wie fügen sich beide Darstellungen zusammen? Die Menschen, die das Land Palästina nach und nach besiedeln, kommen aus Mesopotamien. Doch es sind nicht irgendwelche Fremden, sondern die Nachfahren der einst im Jahre 587 v. Chr. aus Jerusalem Deportierten.

Die Engel weisen den Weg

Wie oben kritisch vermerkt können Engelsfiguren nicht das mosaische Heiligtum vom Sinai nach Jerusalem begleitet haben. Diese Symbole brachten erst die abrahamitischen Nachfahren aus der entgegen gesetzten Himmelsrichtung mit. Aber diese während der Niederschrift gestylte Fassung der mosaischen Wüstenwanderung wird für die Motivation der Judäer in Babylon sehr gebraucht. Einer Aufforderung für den beschwerlichen Weg von Babylon nach Jerusalem, der etwa sechs Monate in Anspruch nimmt, kann man eine glorreiche Reise der Vorfahren von vierzig Jahren durch die Wüste des Sinai gegenüber stellen. Das Motto: Strengt euch an, unsere Vorfahren haben viel mehr geleistet! Auf nach Jerusalem, ihr Unentschlossenen!

Viele Nachfahren der einst deportierten Judäer blieben dennoch in Babylon. In der Zeit des frühen Judentums gibt es eine sehr große Gemeinde in Mesopotamien, die

---

42 1. Mose 35,26

auch theologisch wirksam ist.

Damit finden sich in der Bibel zwei unterschiedliche Versionen über den Zuzug in Gottes heiliges Land. Der biblische Erzähler findet eine einfache Lösung. Zwischen den beiden Wanderungen liegen tausend Jahre. Doch entspricht das auch dem realen Geschichtsablauf?

Zweierlei Geschichte

Das Abendland hat seit dem griechischen Historiker Herodot gelernt, in geschichtlichen Kategorien zu denken. Der Historiker rekonstruiert den Verlauf der Geschichte.
Die Arbeit der Priesterredaktion hingegen komponiert eine Geschichte als Gottesgeschichte vom Anfang der Welt an. Diese ist theologisch ausgerichtet und liefert die Begründung für die Abrahamitische Religion, für den Glauben an einen Gott und sein auserwähltes Volk.

Das hat einen doppelten Geschichtsbegriff zur Folge. Der historische Werdegang der Abrahamitische Religion ist ein anderer als die Gottesgeschichte, die das Alte Testament berichtet.
In diesem Sinn ist die Wanderung Jakobs mit seinen zwölf Söhnen aus Babylon nach Jerusalem 'historische' Geschichte. Hingegen ist die Wanderung des Gottesvolkes unter Mose durch den Sinai nach Jerusalem

Gottesgeschichte. Durch eine vermeintliche Kontinuität des Gottesglaubens erscheint das babylonische Exil nur als kurze Unterbrechung aus dem Blickwinkel der Gottesgeschichte. Anders in der historischen Geschichte. Hier stellt sich das babylonische Exil als Ursprung der Abrahamitischen Religion dar.

In der Bibel sind diese beiden Sichtweisen miteinander verwoben. Das macht es schwierig, Mythos[43] und den realen Geschichtsablauf auseinander zu halten.

--> **Das Alte Testament ist ein Geschichtenbuch und kein Geschichtsbuch.**

Niederschrift des Alten Testaments

Es ist davon auszugehen, dass es vor 597 v. Chr. in Juda noch keine Schriftkultur gab. Nur vereinzelt sind althebräische Schriftzeichen auf Münzen oder an der Wand eines Tunnels[44] zur Wasserversorgung Jerusalems gefunden worden. Die quadratische hebräische Schrift wurde erst im Exil in Babylon entwickelt.

Laut biblischer Geschichte kam der Turmbau in Babylon ins Stocken, weil Gott den Menschen verschiedene Sprachen gab und keine Verständigung mehr gelang. Dahinter verbirgt sich der Wunsch nach einer eigenen Schriftsprache für die Judäer. Erst die in Babylon und Persepolis ausgebildete junge Elite der Judäer war in der

---

43 Im Griechischen heißt mythos Göttergeschichte
44 Die sogenannte Schiloah-Inschrift um 700 v.Chr.

Lage, den neuen Glauben aufzuschreiben. Das Alte Testament wurde frühestens im alten Kulturland Mesopotamien begonnen. Wie bereits gesagt, kam Esra mit einer Gesetzesrolle unter dem Arm nach Jerusalem, natürlich auf Hebräisch. In Jerusalem wurde die Verschriftung biblischer Religion fortgesetzt. Die literarische Leistung ist eine gewaltige. Mündliche Überlieferungen früherer Zeiten wurden ausgebaut, abgeändert, es wurde getilgt und hinzugefügt – die Abfassung der Bibel war noch im lebendigen Fluss.

Die Datierung in diese Zeit, Babylon und danach, hatte schon der Alttestamentler Julius Wellhausen 1878 genannt. Doch war diese Behauptung der damaligen Theologie und Kirche suspekt. Auch Friedrich Delitzsch vertrat diese Auffassung in einem Vortrag vor dem deutschen Kaiser 1902 in Berlin. Die kirchlich dominierte Öffentlichkeit reagierte empört, was den sogenannten „Babel-Bibel-Streit" zur Folge hatte.

In der hellenistischen Zeit nach Alexander dem Großen tritt das Griechisch in den Vordergrund. Die Makkabäer-Bücher sind nur griechisch überliefert, doch man vermutet eine ursprünglich hebräische Abfassung. Im Laufe der Zeit steigt die Zahl der neu verfassten Schriftstücke so stark an, dass man auswählen muss, welche Bücher dem heiligen Buch zuzuordnen sind

und welche nicht. Den Umfang der „Heiligen Schrift" hat das Judentum um das Jahr 100 n. Chr. festgelegt. Als „Tanach" bezeichnen die Juden ihre Schriftensammlung. Das Christentum legt erst im 4. Jahrhundert fest, welche Bücher in die Bibel aufgenommen werden.
Der Abschluss bedeutet für beide Religionen, dass der Wortlaut der Schrift nicht mehr verändert werden darf.

Das Profil der Abrahamitischen Religion

- **Die Abrahamitische Religion ist ein Produkt der Exilszeit in Mesopotamien.**
  Judäer wurden 587 v. Chr. dahin verschleppt.
- Mehrere Faktoren sind an der Entstehung der neuen Religion beteiligt:
- Der Ein-Gott-Glaube an Ahura Mazda,
- Der frühere Versuch des Königs Josija, Jahwe zum alleinigen Gott auszurufen.
- Eventuell monotheistische Impulse aus Ägypten.
- Die neue Überzeugung der Judäer, an Engel zu glauben.
- Das Erlernen der Schriftsprache.
- Die Fähigkeit zum Abfassen von Gesetzen.
- Das Leben in einem Gottesstaat mit einem Oberpriester an der Spitze.
- Der zukünftige Ort: Jerusalem, das Land der Vorfahren und von Gott durch Abraham zugewiesen.

Die Abrahamitische Religion ist der Vorläufer von
Judentum, Christentum, Islam. Und doch ist sie als
selbständige Religionsepoche zu sehen. Anders sehen das
Judentum und Christentum. Sie betrachten beide diese
Zeit als ihre Frühzeit.

Religionsgründer

Abraham war nicht der Stifter dieser Religion. Die
Abrahamitische Religion ist von anderen Menschen
begründet worden. Der Personenkreis ist weitgehend
anonym. Maßgeblich beteiligt waren Ezechiel, Esra,
Nehemia.

Beginn und Ende

Die Abrahamitische Religion beginnt nach der
Zerstörung Jerusalems durch Nebukadnezar im Jahr 587.
Sie endet mit der Zerstörung Jerusalems durch die
Römer im Jahr 70. n. Chr.

Ort der Entstehung

Babylon.
Begabten jung Männer hatten eine Schulausbildung in
Babylon. Diese judäische Bildungselite hat eine eigene
Religion hervorgebracht: die Abrahamitische Religion.

Symbol Abraham

Für den Wanderer aus Mesopotamien nach Kanaan ist
Abraham das Symbol. Er ist keine historische Person.

Abkehr vom Polytheismus

Oberster Grundsatz der Abrahamitischen Religion ist der Monotheismus. Diesen gab es vor der Zeit des Exils noch nicht. Der Judäergott Jahwe war nur einer unter anderen Gottheiten, die verehrt wurden.

Literarische Quelle

Die Bibel ist ein literarisches Werk.
Die Zusammenstellung von Altem und Neuem Testament als „Bibel" ist die Interpretation des Christentums.
Die jüdische Religion nennt das Alte Testament „Tanach".
Beide Interpretationen sprechen der Abrahamitischen Religion ihre Eigenständigkeit ab.

Mythologie

Der Mythos der Abrahamitischen Theologie ist ein literarisch komponierter Geschichtsablauf. Dieser geht davon aus, der Glaube an Gott sei vom Beginn der Welt die einzig wahre Religion.
Dieser mythologische Geschichtsablauf ist theologisch komponiert und entspricht nicht dem Verlauf, den die Geschichtswissenschaft erforscht.

Die Engel

Die Engelsvorstellung der Abrahamitischen Religion ist eine Übernahme aus dem Mazdaismus. Da wirkt der Gott Ahura Mazda durch sieben Erzengel.

Die Engel lösen die Propheten als frühere Sprecher des Wortes Gottes ab.

Der Tempel
Der Tempel in Jerusalem ist der kultische Mittelpunkt der Abrahamitischen Religion.
König Salomo gilt als erster Erbauer des Jerusalemer Tempels.

Das Volk Gottes
Das Volk Gottes ist ein besonderes unter den anderen Völkern, ein „auserwähltes" Volk. Das Prädikat der Auserwählung führt zu einer Abwertung der Ungläubigen.

Die Gesetzgebung
Die Abrahamitische Religion ist eine Gesetzesreligion. Mit der Gesetzesgebung ist Mose verbunden. Ihm wurden die Gesetze als göttliche Herkunft offenbart.

König Herodes
Herodes der Große steht am Ende des Zeitabschnitts der Abrahamitischen Religion. Zu seinen großen Bauleistungen gehört der Neubau des Jerusalemer Tempels. Die Einweihung fand im Jahr 10 v. Chr. statt. Das heutige Judentum verehrt die letzten erhaltenen Grundmauern dieses Tempels als Heiligtum. Die sogen. "Klagemauer" steht symbolisch für den Salomonischen Tempel.

Das Ende des Priesterstaates

Es fällt auf, dass Krieg und Vertreibung für die Abrahamitische Religion prägend gewesen sind. Am Beginn steht eine Verwüstung Jerusalems, dann folgt das Exil. Der Aufbau des Tempels unter Nehemia musste durch Soldaten geschützt werden. Für den Aufbau des Gottesstaates, dem Ziel der Abrahamitischen Religion, blieb nicht viel mehr als ein Jahrhundert. Dann erschien 332 Alexander der Große in Jerusalem und beendete die relative Selbständigkeit dieses Gemeinwesens. Es folgte die Bürgerkriegszeit der Makkabäer gegen die griechischen Besatzer. Die Makkabäer haben mit Waffen die religiöse Eigenheit der Abrahamitischen Religion bewahrt. Sie schafften durch ihre militärische Zähigkeit für mehrere Jahrzehnte eine gewisse nationale Souveränität. Und wieder tritt ein neuer Feind auf. Im Jahr 63 erobert Pompejus Jerusalem für das Römische Reich. Wieder Krieg.

Wie kann Religion unter dem Diktat einer fremden Macht gelebt werden? Diese Frage führte zu einer völligen Zersplitterung des Gottesstaates im ersten vorchristlichen Jahrhundert.

Der jüdische Geschichtsschreiber Josephus berichtet über diese Zeit. Er zählt die Parteien auf, in die die Religion zerfallen ist: Sadduzäer, Pharisäer, Essener. Sie sind untereinander tief verfeindet. Ihre Programme sind so unterschiedlich wie die denkbaren Wege zur Fortführung eines Gottesstaates.

- *Die Religionspartei der **Sadduzäer** zeichnet sich durch politischen Realismus aus. Die Sadduzäer sind bereit, eine Fremdherrschaft zu ertragen, solange der Kult im Tempel reibungslos funktioniert. Die Sadduzäer bilden die gesellschaftliche Oberschicht von Jehuda. Sie sind weltoffen und profitierten von der griechischen Lebensart.*
- *Die **Pharisäer** verstehen sich als die konsequentesten Verfechter ihres Glaubens. Sie verlangen von allen Bewohner des Landes ein Leben nach dem mosaischen Gesetz. Die Pharisäer sind strenggläubig und fremdenfeindlich. Sie lehnen die griechische Kultur ab. Aus ihrer Religionspartei wird das spätere rabbinische Judentum hervorgehen.-*
- *Die **Essener**. Sie ziehen sich aus der Welt zurück. Sie leben in einer kleinen Gemeinschaft nach ihrer Vorstellung von Gerechtigkeit. In den Büchern der Makkabäer wird von einer solchen Gruppe, den Chassidim, berichtet. Diese verlassen ihre Häuser und ziehen in die Wüste. In der Gemeinschaft von Qumran am Toten Meer hat es sich um eine ähnliche Gruppe gehandelt. Es ist eine Theokratie im Kleinen. Dieser Weg führt später zum Mönchtum und zur Gründung von Klöstern.*

- *Die **Makkabäer** wählen den unmittelbar kriegerischen Weg; der heißt Widerstand gegen die Besatzungsmacht. Er wird sich als die schlechteste Lösung erweisen. Gegen die griechischen Seleukiden führen die Makkabäer Krieg. Es sind verlustreiche Kämpfe. Der Weg der kriegerischen Auseinandersetzungen – zuletzt gegen die Römer – führt schließlich das Ende der abrahamitischen Religion im Jahre 70 n. Chr. herbei.*
- ***Johannes** der Täufer vertritt unter Verzicht auf eine theokratische Struktur einen eigenen Weg. Außer der Taufe wissen wir nicht viel über seine Theologie. Das Neue Testament berichtet, dass Jesus von Nazareth ihn als bedeutend bezeichnet hat. Beide wurden getötet.*

- *In diese Zeit fällt die neue Botschaft des Mannes aus Nazareth, **Jesus**. Seine Botschaft bindet das Volk Gottes nicht mehr an die Grenzen des abrahamitischen Gottesstaates. Sein neues Glaubensverständnis schafft eine neue weltoffene Religion. Jeder Gläubige gehört dem auserwählten Volk an. Damit ist ein neues Zeitalter eingeläutet, so bedeutsam, dass man die Jahre der Weltgeschichte neu zu zählen beginnt.*

Das Volk der Abrahamitischen Religion hatte sich als exklusiv verstanden. Wir sind das 'auserwählte Volk'. Die Behauptung, ein auserwähltes Volk zu sein, führt zwangsläufig zu einer Abwertung anderer Völker. So werden auch die Nachbarn des Gottesstaates diffamiert. Die Bewohner der Provinz Samaria wollten helfen, den Jerusalemer Tempel aufzubauen. Esra weist sie schroff zurück. Ihr betet auf dem Berg Garizim den falschen Gott an. Ihr seid ungläubig. Wir sind das auserwählte Volk.

Vieles aus der Abrahamitischen Religion wird ein halbes Jahrtausend später ein Teppichhändler in Mekka aufgreifen: Mohamed.
Von den reisenden und ortsansässigen Juden und Christen wird er viel erfahren über den einzigen Gott. Schließlich wird ihm der Engel Gabriel selbst erscheinen. In die bisherige Abfolge der Propheten wird er noch Jesus, und als letzten Propheten sich selbst einreihen.

Alle Muslime prägt das Selbstverständnis, die einzige und wahre Religion zu besitzen, wie es einst der Exklusivanspruch des abrahamitischen Gottesvolkes war.

Die Person des Abraham bezeichnet Mohamed als ersten Muslim. Das ist legitim und nach der Art der Schreiber des Alten Testaments, die ebenfalls neu interpretiert haben. Das jedoch ist nicht mehr Thema dieses Buches.

Die Zeitepoche der abrahamitischen Religion ging mit der Zerstörung des Jerusalemer Tempels zu Ende. Nachfolger sind das Christentum und das Judentum. Die Abrahamitische Religion mit ihrem nationalen Verständnis einer Theokratie war gescheitert.

War der Priesterstaat der Abrahamitischen Religion ein Erfolgsmodell in der Geschichte der Menschheit?

Die weitere Entwicklung ist nicht mehr Gegenstand dieses Buches. Ich darf verweisen auf

Jochen Rabast
Im Namen der Religion
...friedlich nebeneinander?...
Islam-Christentum-Judentum
Book on Demand , 2.A. 2015
D-22848 Norderstedt